Gerhard Kempf

Textaufgaben verstehen und anwenden 4. Schuljahr

Aufgaben – Klassenarbeiten – Tests und Lösungen

Mit neuer Rechtschreibung

MANZ VERLAG MÜNCHEN

3., korrigierte Auflage 1998

Lektorat: Konrad Böheim, Ergolding
Umschlaggestaltung: Zembsch' Werkstatt, München
Titelbild: Barton Stabler, Mass Produktion

Illustrationen: Karl Ecke, München
Gesamtherstellung: Verlag und Druckerei G. J. Manz AG,
München / Dillingen
Printed in Germany

ISBN 3-7863-0126-3

Vorwort

An Eltern und Lehrer

Ist das Lösen von Textaufgaben schwierig?

Mithilfe des hier vorliegenden Übungsbuches in Mathematik für das 4. Grundschuljahr können Kinder ohne große Mühe lernen, Textaufgaben zu verstehen und selbstständig zu lösen. Da das Lesen, Verstehen und Anwenden des Textes selbst einfacher Aufgaben den Kindern nicht selten Schwierigkeiten bereitet, ist jede Aufgabe mit einer **anschaulichen Zeichnung** versehen, die ihnen hilft, die **Sachsituation** und den **Sachzusammenhang** besser zu verstehen. Ferner kann mithilfe des **Rechenplanes** die Aufgabe – Schritt für Schritt – ausgerechnet werden. Das Lösen mathematischer Problemfragen macht so wirklich Spaß, denn das Kind lernt fast mühelos, zuerst leichte, dann immer schwierigere Mathematikaufgaben auszurechnen.

An die Kinder

Wie könnt ihr mit dem Buch arbeiten?

Jedes Kapitel beginnt mit einer kurzen Information über den **Lernstoff.** Dann folgt eine einfache Aufgabe zum Einstieg. Nach dem ein- oder mehrmaligen Durchlesen des Textes versucht ihr, den Sachverhalt der Textaufgabe mithilfe der Zeichnung zu verstehen. Häufig sind den zeichnerisch dargestellten Gegenständen und Personen die gegebenen Werte zugeordnet (Phase 1: **Wir wissen**). Ist die Frage in der Textaufgabe nicht angegeben, so sollt ihr sie durch Überlegung finden (Phase 2: **Wir suchen**). Jetzt dürft ihr den 1. Schritt zur Lösung der Aufgabe durchführen und die Nebenrechnung auf eurem Block notieren (Phase 3: **Wir rechnen**). Anschließend tragt ihr in die Leerstellen des Rechenplanes Zahlen und Rechenzeichen ein und vergleicht zum Schluss eure Rechnungen mit den richtigen Lösungen aus der Beilage. Im Buch kommen folgende Leerstellen vor: (Der Pfeil „→“ bedeutet „ergibt“.)

Beispiele: [5 DM] – (•) – [4] → [20 DM] oder [5 DM] – (· 4) → [20 DM]

Zum Schluss eines jeden Kapitels werden einige **Test-, Klassen-** bzw. **Probearbeiten** in verschiedenen Schwierigkeitsgraden angeboten. Hier stellt ihr euch auf die entsprechende Situation ein.
In manchen Bundesländern müsst ihr für die Aufnahme in die Realschule oder in das Gymnasium eine „Aufnahmeprüfung“ bestehen, wenn ihr den geforderten Notendurchschnitt oder die Empfehlung der Grundschule nicht erreicht habt. Deshalb ist den **Aufnahmeprüfungsaufgaben** ein eigenes Kapitel gewidmet, damit ihr euch auf den Übertritt in die Realschule oder ins Gymnasium gut vorbereiten könnt.

Texto und Trixi, zwei lustige Kobolde, begleiten euch durch das ganze Buch. Ich wünsche euch allen viel **Freude** und **Erfolg** bei der Arbeit.

Der Verfasser

Rechenpläne zu einer Textaufgabe

Beispiel: Herr Kurz lässt sein rechteckiges Gartengrundstück einzäunen. Die eingefriedete Fläche ist 30 m lang und 22 m breit. Für die Einfahrt bleiben 4 m frei. Wie teuer kommt das Einzäunen des Grundstückes, wenn 1 Meter Zaun 25 DM kostet?

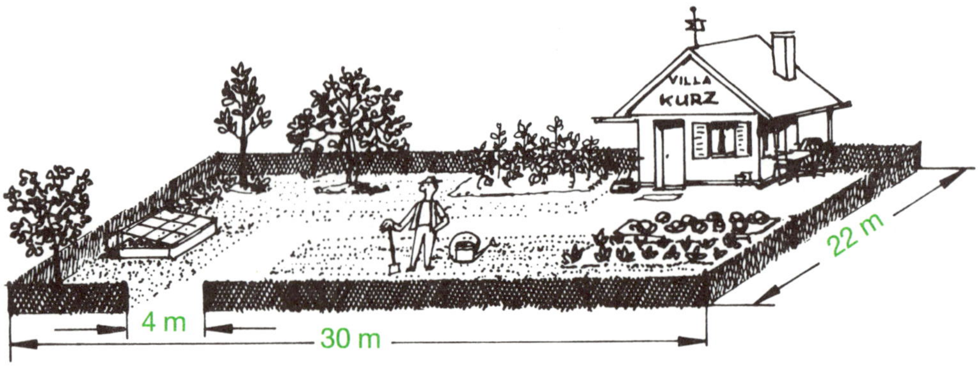

A: Lösungsweg mit Teilfragen

1. Wie lang ist die Strecke der beiden Längsseiten?

30 m ⊙ 2 → **60 m**

2. Welche Länge haben die beiden Breitseiten?

22 m ⊙ 2 → **44 m**

3. Wie groß ist der Umfang des Grundstückes?

60 m ⊕ 44 m → **104 m**

4. Wie lang ist der zu errichtende Zaun?

104 m ⊖ 4 m → **100 m**

5. Wie viel Geld kostet das Einzäunen des Grundstückes?

25 DM ⊙ 100 → **2500 DM**

B: Lösungsweg mit Ergebnisbegriffen

1. Schritt:	30 m	$\cdot$	2	→	60 m – Strecke der 2 Längsseiten
2. Schritt:	22 m	$\cdot$	2	→	44 m – Strecke der 2 Breitseiten
3. Schritt:	60 m	+	44 m	→	104 m – Umfang des Grundstückes
4. Schritt:	104 m	−	4 m	→	100 m – Länge des Zaunes
5. Schritt:	25 DM	$\cdot$	100	→	**2500 DM** – Preis für die Umzäunung

C: Lösungsweg mit Ablaufdiagramm

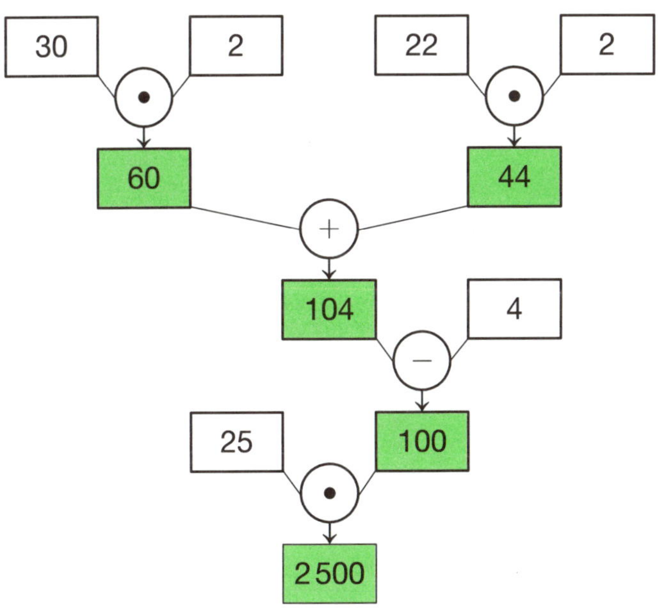

Nebenrechnungen:

30 m · 2
60 m

22 m · 2
44 m

60 m
+ 44 m
104 m

104 m
− 4 m
100 m

25 DM · 100
2500 DM

Antwortsatz: Das Einzäunen des Grundstückes kostet 2500 DM.

Inhaltsverzeichnis

Kapitel 1

Zuordnungen

Textaufgaben im Zahlenraum 1–1000

V bedeutet: im Computer

Was du in diesem Kapitel lernst:

Es kommen nur Textaufgaben im Zahlenraum bis 1000 vor. Nach dem Durchlesen des Textes musst du dir grundsätzlich immer die Frage stellen:

- Welche **Grundrechenarten** muss ich bei dieser Aufgabe anwenden?
- Soll ich zusammenzählen, abziehen, malnehmen oder teilen?

In diesem Kapitel wird dir gezeigt, wie du deine Schlüsse zum Lösen der Aufgabe **richtig** ziehst, zum Beispiel:

- Schließe von der Einheit auf die Mehrheit durch Mahlnehmen!
- Schließe von der Mehrheit auf die Einheit durch Teilen!

Viel Spaß!

1 Für den Sportunterricht einer Grundschule werden Bälle gekauft: vier Gummibälle zu je 12 DM, fünf Handbälle zu je 40 DM und sieben Fußbälle zu je 50 DM. Wie viel DM kosten die 4 Gummibälle, die 5 Handbälle, die 7 Fußbälle?

Achte bitte darauf, wie die Aufgabe im Ansatz zu lösen ist!

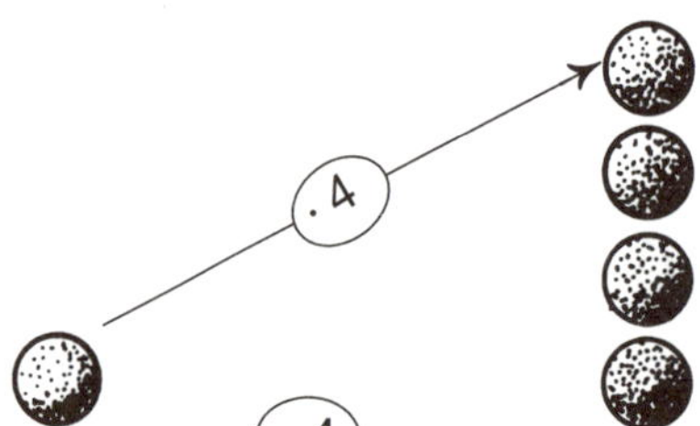

1 Ball —(· 4)→ 4 Bälle

12 DM —(· 4)→ ☐ DM

Wir bilden einen **Ansatz:**

1 Ball kostet 12 DM.
4 Bälle kosten 12 DM · 4 = 48 DM.

↓

Malschluss

Wir schließen durch **Malnehmen** von der **Einheit** (1 Ball) auf die **Mehrheit** (4 Bälle).
Die 4 Gummibälle kosten 48 DM.

Lösung im Rechenplan: [12 DM] —(·)— [4] → [48 DM]

Berechne den Preis für 5 Handbälle!

[ ] —( )— [ ] → [ ]

Wie viel DM kosten 7 Fußbälle?

[ ] —( )— [ ] → [ ]

2 Mutter kauft im Milchgeschäft Frischen 3 Jogurtbecher zu je 80 Pf und 6 Päckchen Magerquark zu je 90 Pf ein.
Wie viel DM muss Mutter für die Milchprodukte insgesamt bezahlen?

Wir wissen:

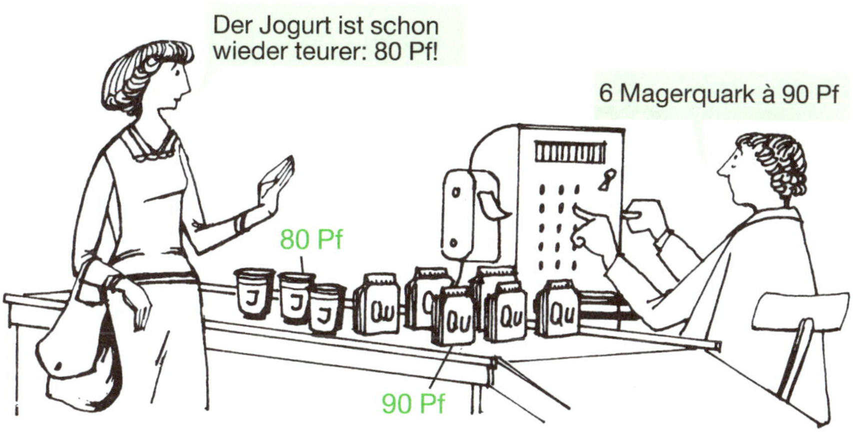

Wir rechnen: In der Aufgabe kommen zwei **Malschlüsse** vor.

1. Schritt: Berechne den Preis für 3 Jogurtbecher!

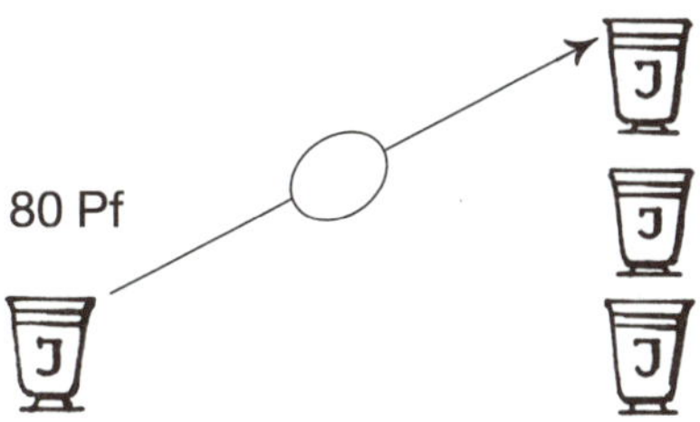

1 Jogurt kostet 80 Pf.

3 Jogurts kosten ☐ Pf.

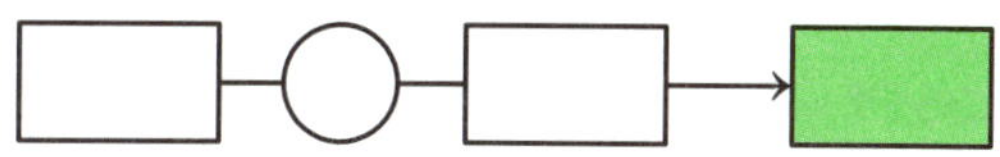

2. Schritt: Wie viel kosten 6 Päckchen Magerquark?

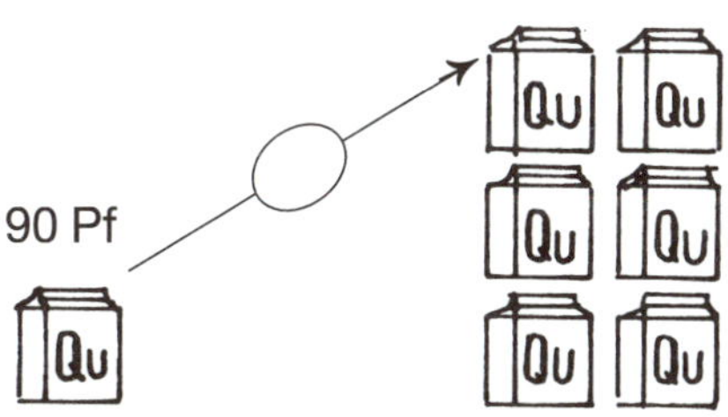

1 Quark kostet 90 Pf.

6 Quarks kosten ☐ Pf.

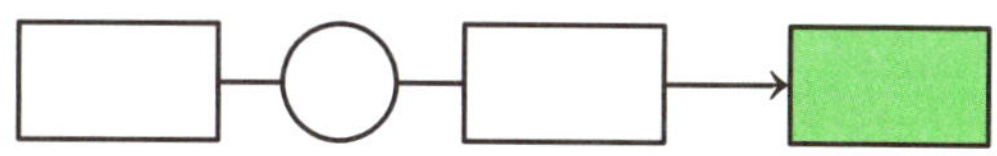

3. Schritt:

Gesamtbetrag der Milchprodukte?

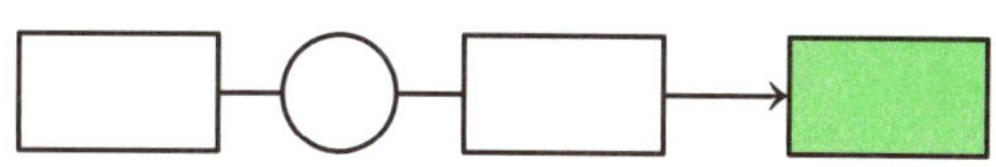

3 Der Vater schickt Franzi zum Einkaufen. Er soll 6 Eier, das Stück zu 35 Pf, und 5 Packungen Kaugummi zu je 75 Pf holen. Vater gibt ihm einen Zehnmarkschein mit.

Wir wissen:

Wir suchen: ____________________

Wir rechnen: Achte auf die **Zuordnungen** zwischen **Menge** und **Preis!**

1. Schritt: Wie teuer sind die 6 Eier in der Schachtel?

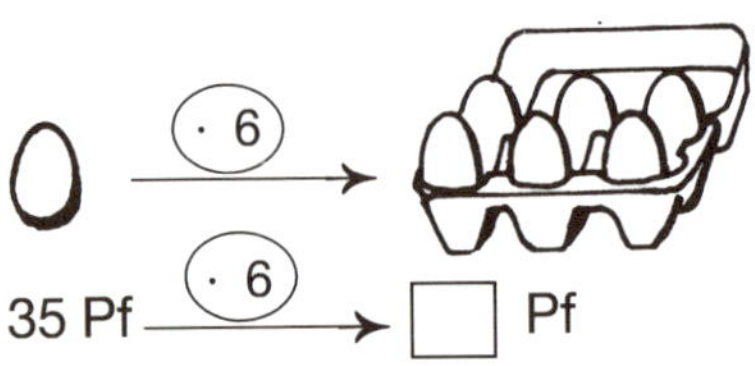

1 Ei kostet 35 Pf.

6 Eier kosten ☐ Pf.

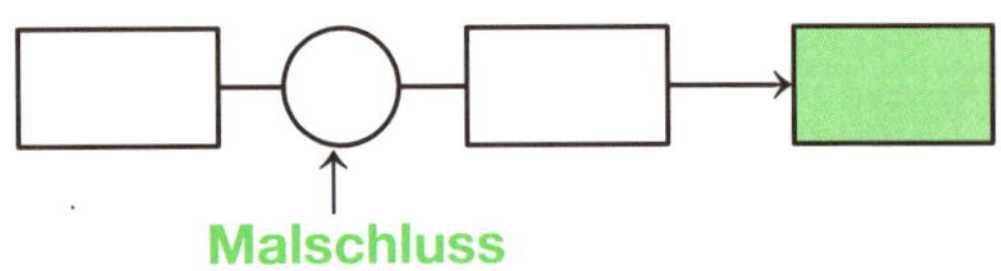

Antwortsatz: ____________________

2. Schritt: Wie viel kosten die 5 Packungen Kaugummi?

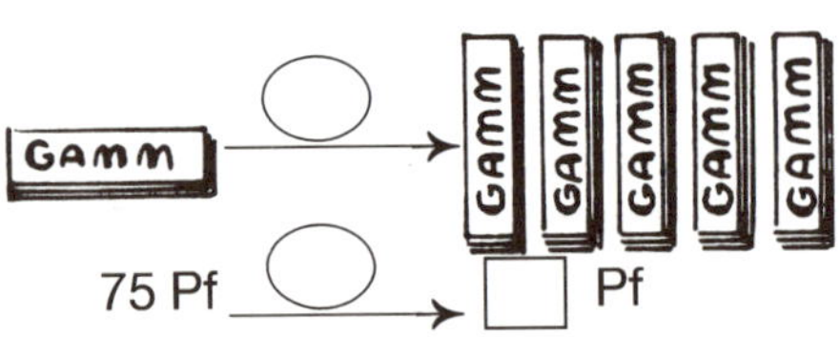

1 Packung kostet 75 Pf.

5 Packungen kosten ☐ Pf.

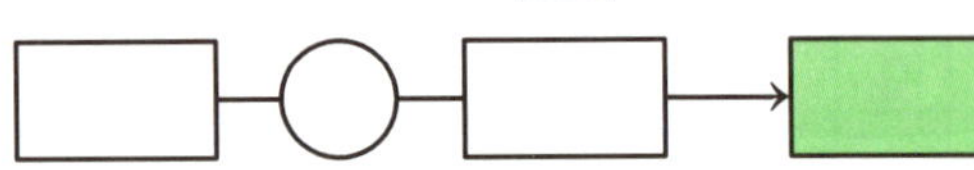

3. Schritt:

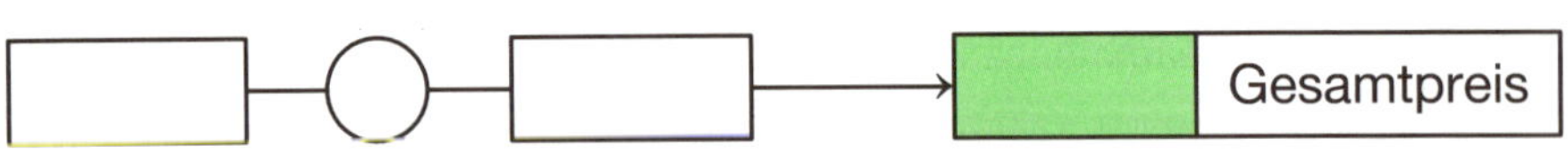

4. Schritt:

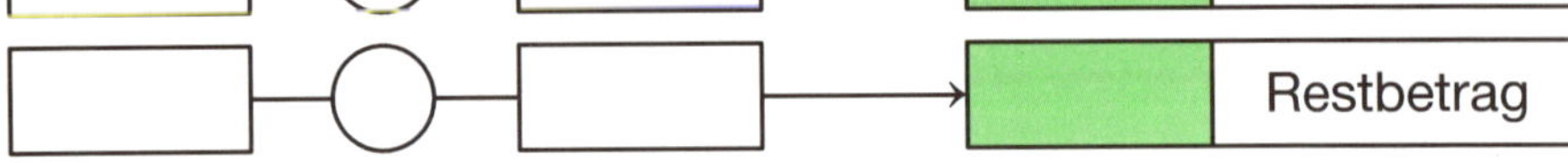

Antwortsatz: ____________________

4 Ein Lehrer will mit seiner Klasse einen 7-tägigen Schullandheimaufenthalt in der Jugendherberge Lorch am Rhein durchführen. Für Unterkunft und Verpflegung werden täglich 15 DM pro Kind veranschlagt. Ferner rechnet der Lehrer mit einem täglichen Taschengeld von durchschnittlich 5 DM für jedes Kind. Die Bahnfahrt von München nach Lorch kostet hin und zurück 85 DM für jeden Schüler. Welche Gesamtkosten entstehen jedem Kind?

Im folgenden Rechenplan kommen zwei **Malschlüsse** vor:

1. Unterkunft und Verpflegung für 7 Tage

2. Taschengeld für 7 Tage

3. Gesamtkosten für jedes Kind

1.
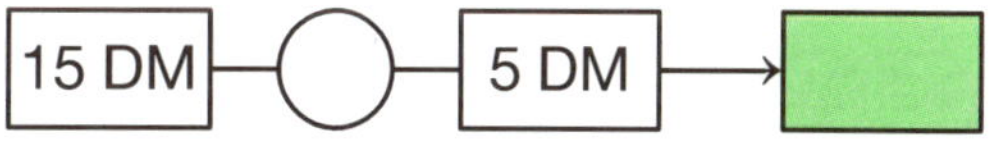

2.
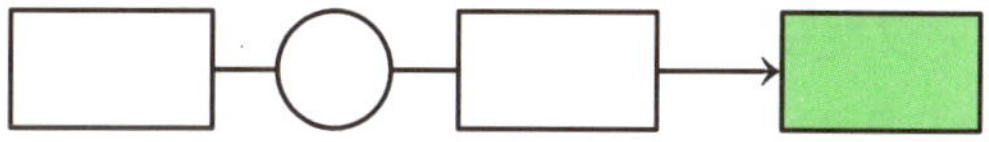

3.
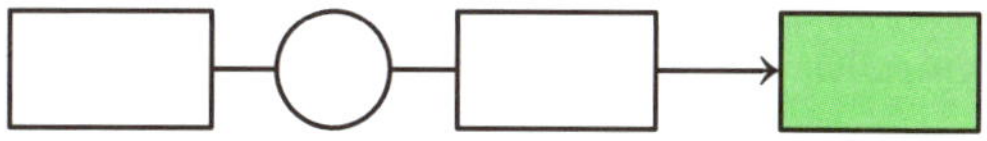

Antwortsatz: ______________________________

5 Doris möchte sich einen Tennisball kaufen. Im Sportgeschäft Schauer werden 6 Tennisbälle zu 42 DM und im Spielwarengeschäft Großmann 9 Tennisbälle zu 54 DM angeboten.

a) Wie viel kostet im Sportgeschäft Schauer ein Tennisball?

b) Wie teuer ist ein Tennisball im Spielwarengeschäft Großmann?

Jetzt lernst du eine neue Form der Schlussrechnung kennen.

a)

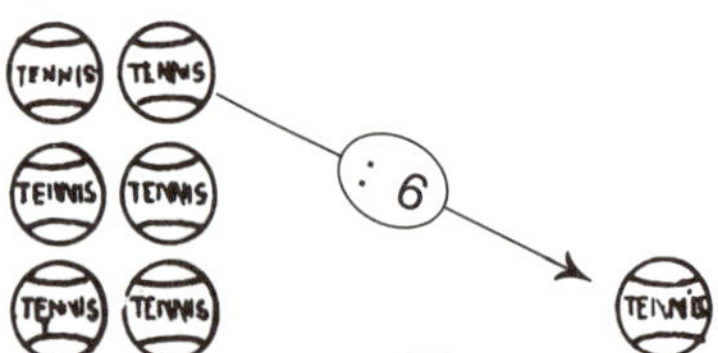

6 Bälle —(: 6)→ 1 Ball

42 DM —(: 6)→ ☐ DM

Wir bilden einen Ansatz:

6 Bälle kosten 42 DM.

1 Ball kostet 42 DM : 6 = 7 DM.

↓

Teilungsschluss

Wir schließen durch **Teilen** von der **Mehrheit** (6 Bälle) auf die **Einheit** (1 Ball).

Antwortsatz: Im Sportgeschäft Schauer kostet 1 Ball 7 DM.

b)

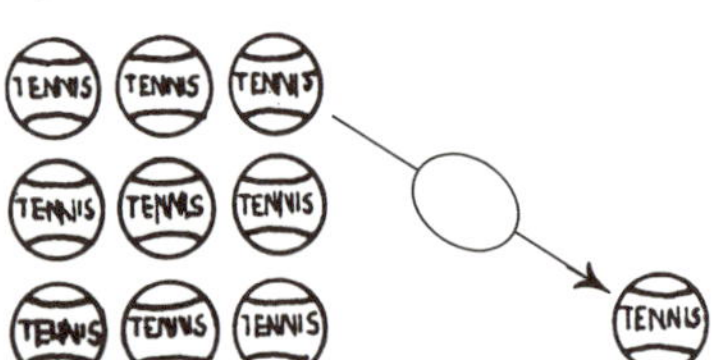

9 Bälle —( )→ 1 Ball

54 DM —( )→ ☐ DM

9 Bälle kosten 54 DM.

1 Ball kostet 54 DM ◯ ☐ = ☐ DM.

↓

Teilungsschluss

Wir rechnen:

☐ —◯— ☐ → ☐

Antwortsatz: ______________________________

6 Acht Mitglieder des Sportvereins Grünholzen fahren zu einem auswärtigen Fußballspiel. Die Fahrtkosten für den Kleinbus belaufen sich auf 160 DM. Wie viel Geld muss jedes Mitglied insgesamt bezahlen, wenn die Eintrittskarte pro Person 12 DM kostet?

1. Schritt: Wie viel DM an Fahrtkosten fallen pro Mitglied an?

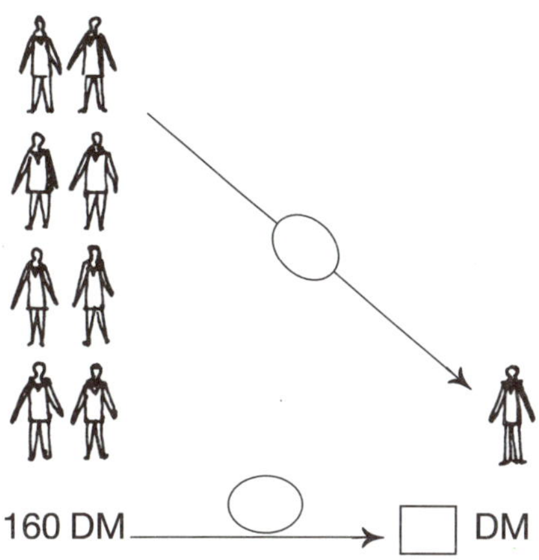

8 Mitglieder bezahlen 160 DM.

1 Mitglied bezahlt ☐ DM.

Wir rechnen:

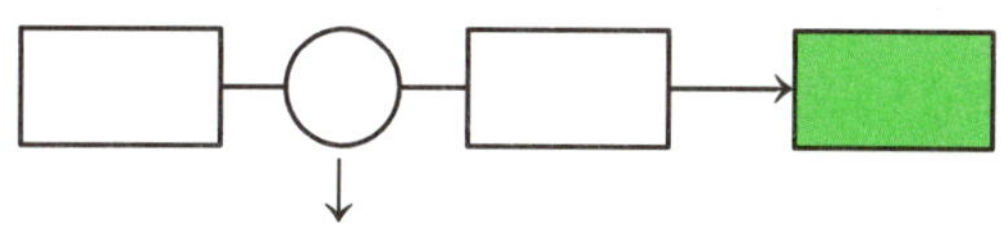

Teilungsschluss

Schließe von der **Mehrheit** (8 Mitglieder) auf die **Einheit** (1 Mitglied)!

2. Schritt: Wie hoch sind insgesamt die Kosten für jedes Mitglied?

Texto kennt den Antwortsatz.

____

7 Der Abteilungsleiter der Reifenfirma Holzheimer verdient am Tag 144 DM, ein Facharbeiter 120 DM. Beide arbeiten täglich 8 Stunden. Wie viel DM verdient der Abteilungsleiter mehr pro Stunde als der Facharbeiter?

1. Wie viel DM verdient der Abteilungsleiter in einer Stunde?

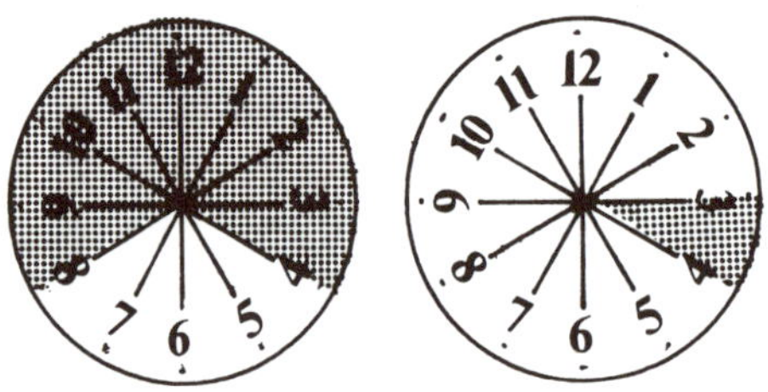

8 Std. —○→ 1 Std.

144 DM —○→ ☐ DM

Wir bilden einen Ansatz:

8 Std. ≙ 144 DM

1 Std. ≙ ☐ DM ○ ☐ = ☐ DM

☐ — ○ — ☐ → ☐

(≙ heißt: entspricht, entsprechen)

2. Berechne den Stundenlohn des Facharbeiters!

Tagesverdienst		Anzahl der Stunden		Stundenverdienst
☐	○	☐	→	☐

3. Wie groß ist der Unterschied im Stundenverdienst der Männer?

☐ — ○ — ☐ → ☐ Unterschied

Antwortsatz: ______________________________

Arbeit

8 Ingrid will Mutter zum Geburtstag eine Tafel Schokolade kaufen. Im Café zur „Süßen Ecke“ kosten 5 Tafeln Schokolade 7,50 DM. Im Supermarkt zahlt man für 4 Stück der gleichen Schokolade 5,60 DM. In welchem Geschäft und um wie viel Pfennige ist eine Tafel billiger?

Süße Ecke

Supermarkt

1. Preis für 1 Tafel Schokolade im Café

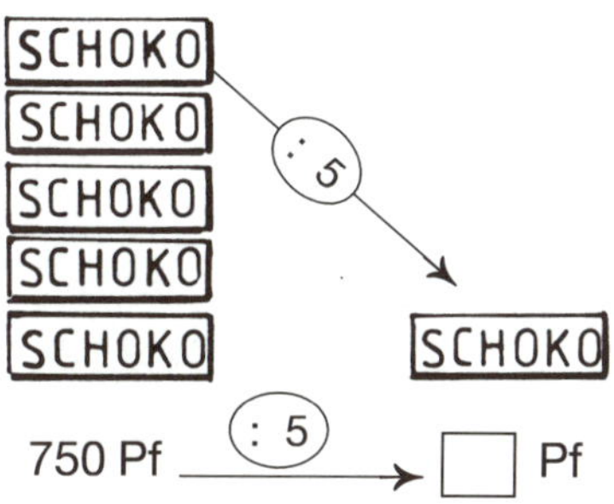

Ansatz zum **Teilungsschluss:**

5 Tafeln kosten 750 Pf.

1 Tafel kostet 750 Pf ◯ ☐ = ☐ Pf.

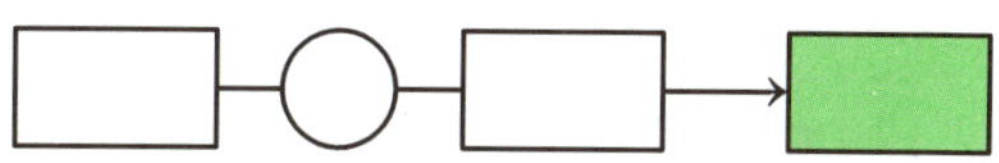

2. Preis für 1 Tafel Schokolade im Supermarkt

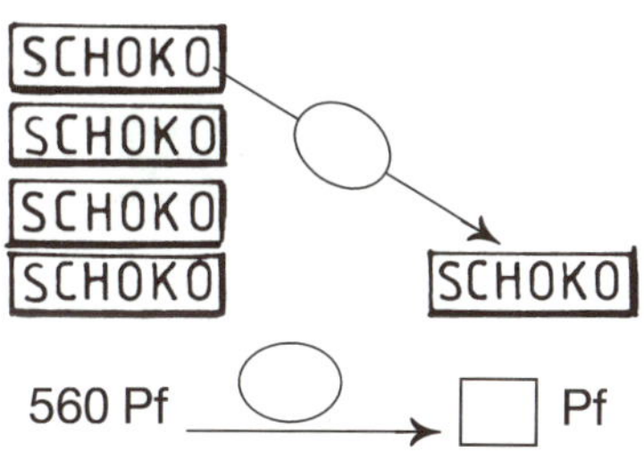

Schließe von der Mehrheit auf die Einheit!

4 Tafeln kosten 560 Pf.

1 Tafel kostet 560 Pf ◯ ☐ = ☐ Pf.

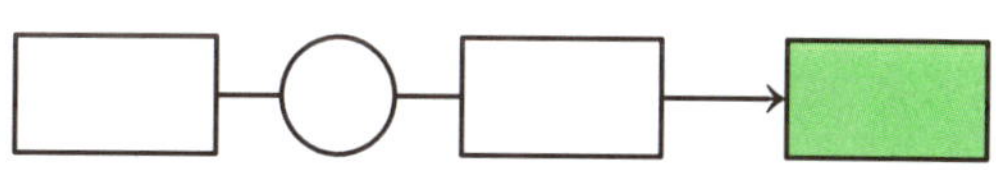

3. Preisunterschied der Tafeln:

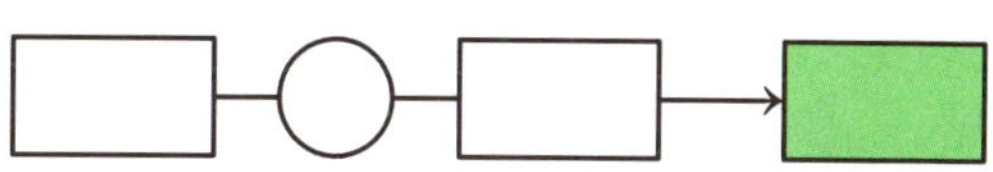

Antwortsatz: ______________________

____

9 Franz beobachtet auf einem Jahrmarkt, wie zwei Herren an einem Glückshafenstand für wohltätige Zwecke viele Lose kaufen. Herr Gruber erwirbt für 30 DM, Herr Neudert gar für 42 DM Lose. Jedes Los kostet 3 DM.

a) Wie viele Lose hat Herr Gruber gekauft?

b) Wie viele Lose hat Herr Neudert erworben?

a) Die Anzahl der Lose ist im Streifenmodell ablesbar.

30 DM

3 DM	3 DM	3 DM	3 DM	3 DM	3 DM	...			
1 Los	1 Los	1 Los	1 Los	1 Los	...				

Du musst **aufteilen** oder **messen,** wie oft 3 DM in 30 DM enthalten sind!

Preis der Lose		Preis für 1 Los		Anzahl der Lose
30 DM	:	3 DM	→	10

↑ **Messschluss**

Herr Gruber hat 10 Lose gekauft.

b) Kannst du ausrechnen, wie viele Lose Herr Neudert erhalten hat?

Für 3 DM erhält man 1 Los.

Für 42 DM erhält man ☐ Lose.

☐ — ○ — ☐ → ☐

Antwortsatz: ______________________________

____

10 Herr Weber wohnt im 4. Stock eines Mietshauses. Zu Winterbeginn lässt er in seinem Keller ein Fass mit 600 Liter Heizöl füllen.

a) Wie viele Kannen Öl zu je 20 Liter kann er aus dem Keller holen, bis das Fass wieder leer ist?

b) Wie lange kann er mit dem vorhandenen Vorrat an Öl seine Wohnung heizen, wenn sein Ofen durchschnittlich 10 Liter Öl pro Tag verbraucht?

a) Wie viele Kannen Öl kann Herr Weber füllen?

Mit 20 l kann man 1 Kanne füllen.

Mit 600 l kann man ☐ Kannen füllen.

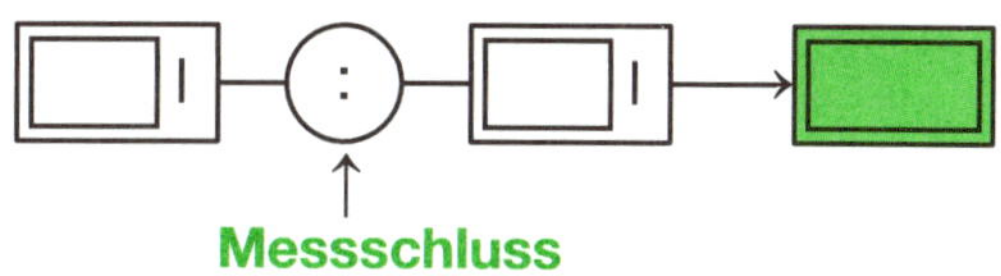

Antwortsatz: ______________________________

____

b) Wie viele Tage kann Herr Weber seine Wohnung heizen?

Du musst hier wieder **messen**, wie oft 10 l in 600 l enthalten sind **(Messschluss)**.

Mit 10 l heizt man 1 Tag lang.

Mit 600 l heizt man ☐ Tage lang.

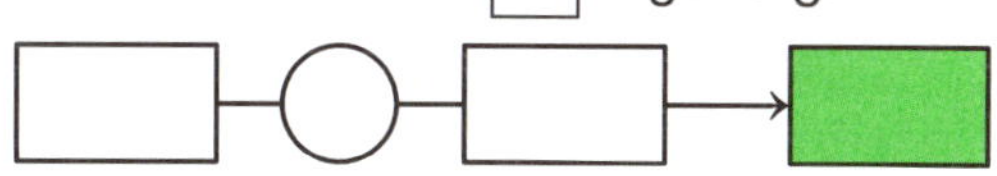

Antwortsatz: ______________________________

____

11 In der Landsberger Straße in München soll ein 84 m langer Straßenabschnitt an beiden Seiten mit Ahornbäumen bepflanzt werden, die einen Abstand von 7 m voneinander haben. Auch am Anfang und am Ende des Straßenabschnittes sollen Bäume stehen. Wie viele Bäume müssen von der Stadtgärtnerei angepflanzt werden?

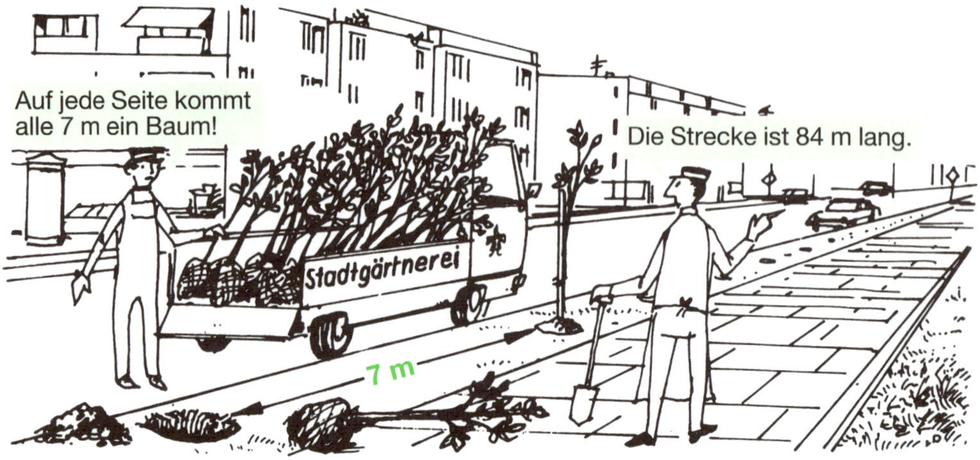

Denke über die folgende Skizze gut nach. Du musst zunächst **messen!**

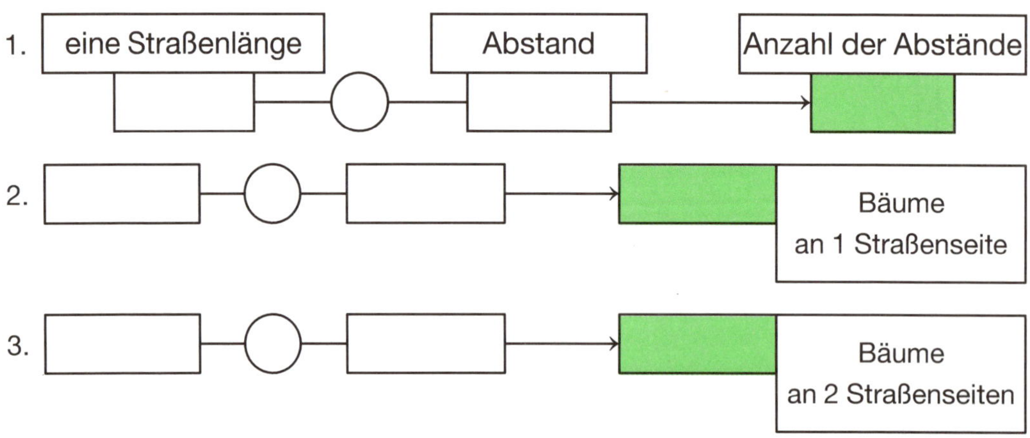

Antwortsatz: ______________________________

____

12 Im Schaufenster einer Drogerie werden Farbdosen zum Sonderpreis angeboten. Zwei Kilogramm einer bestimmten Farbe kosten 12 DM. Im Laufe eines Vormittags werden 6 kg, 8 kg und 10 kg der gleichen Farbe verkauft. Berechne den Verkaufspreis der jeweiligen Menge.

Versuche einmal, die verschiedenen Preise im Kopf auszurechnen!

Menge	2 kg	6 kg	8 kg	10 kg
Preis	12 DM	☐ DM	☐ DM	☐ DM

1. Wie viel kosten 6 Kilogramm Farbe?

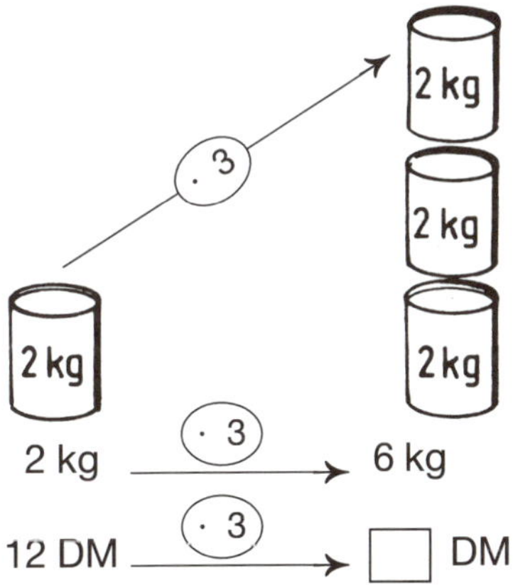

Benutze den **Rechenvorteil!**
Schließe direkt von der **kleineren Mehrheit** (2 kg) auf die **größere Mehrheit** (6 kg)!

Teile auf: 6 kg : 2 kg = 3
6 kg ist das 3fache von 2 kg!

2 kg kosten 12 DM.
6 kg kosten 12 DM · 3 = 36 DM.
↑
Malschluss

2. Rechne nun aus, wie viel DM 8 kg und 10 kg Farbe kosten!

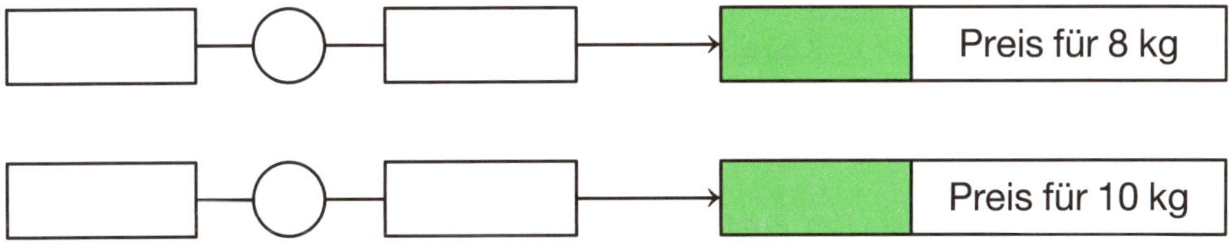

13 Einzelhändler Riedmann liefert mit seinem Kombi-Wagen jeden Freitagnachmittag Eier in eine Reihenhaussiedlung an. Er verkauft zum Beispiel 6 Eier für 1,50 DM. Frau Maurer kauft an diesem Tag 18 Eier, Frau Uhlmann 24 Eier. Wie viel Geld muss jede Hausfrau zahlen?

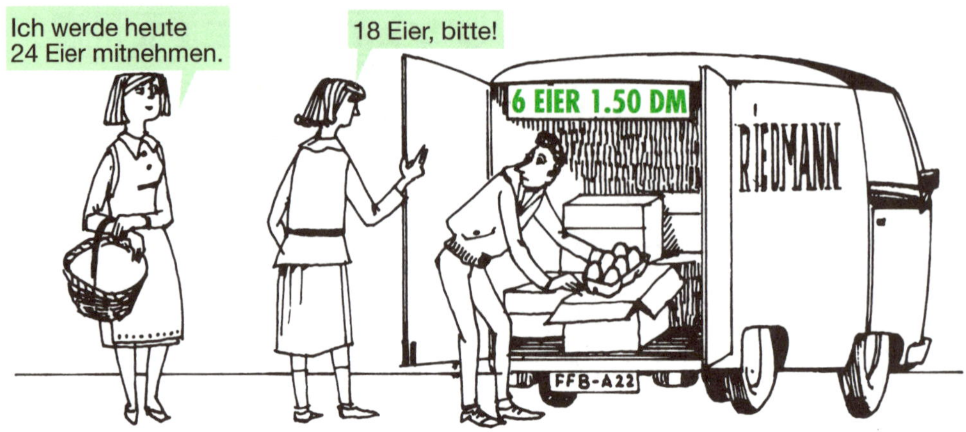

1. Wie viel bezahlt Frau Maurer für 18 Eier?

   Du brauchst nicht auszurechnen, wie viel 1 Ei kostet, um dann auf 18 Eier zu schließen. Denke über den folgenden **Rechenvorteil** gut nach!

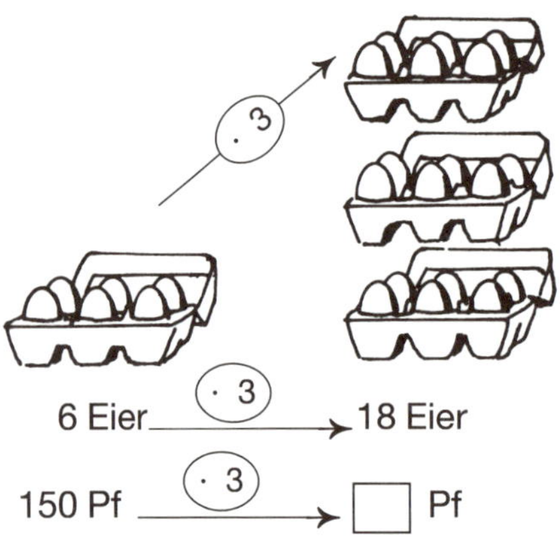

Teile auf: 18 E : 6 E = 3
18 E sind das 3fache von 6 E!

6 Eier kosten 150 Pf.
18 Eier kosten 150 Pf · 3 = 450 Pf.

☐ — (·) — ☐ → 450 Pf

Antwortsatz:
Frau Maurer bezahlt für 18 Eier 450 Pf oder 4,50 DM.

2. Rechne aus, wie viel Frau Uhlmann für 24 Eier zu zahlen hat!

☐ — ◯ — ☐ → ☐ Preis für 24 Eier

Antwortsatz: ______________________________

Zusatzaufgabe: Wie viel DM kosten 30 (36, 42, 60) Eier?

14 In der Auslage des Spielwarengeschäftes Wunderland werden für 33 Pfennig fünf farbige Glaskugeln angeboten. Werner kauft für 66 Pf und Ilse für 99 Pf Glaskugeln.
Wie viel Kugeln erhält jedes Kind? (Benutze den **Rechenvorteil!**)

Betrachte die **Zuordnungstabelle** und finde die Operatoren!

(33 Pfennig $\xrightarrow{\cdot 2}$ 66 Pfennig; 33 Pfennig $\xrightarrow{\cdot 3}$ 99 Pfennig)

«Preis»	33 Pfennig	66 Pfennig	99 Pfennig
«Menge»	5 Kugeln	☐ Kugeln	☐ Kugeln

(5 Kugeln $\xrightarrow{\bigcirc}$ ☐ Kugeln; 5 Kugeln $\xrightarrow{\bigcirc}$ ☐ Kugeln)

1. Wie viele Glaskugeln erhält Werner?

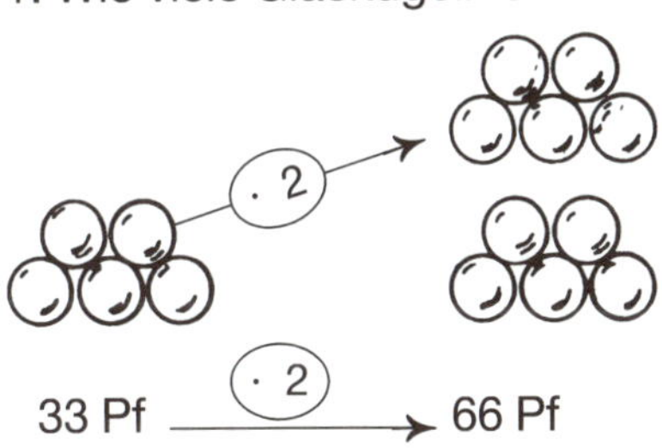

Wir schließen von der **kleineren Mehrheit** (33 Pf) auf die **größere Mehrheit** (66 Pf).

Für 33 Pf erhält man 5 Kugeln.

Für 66 Pf erhält man 5 K · 2 = 10 Kugeln.

↑ **Malschluss**

2. Rechne aus, wie viele Kugeln Ilse bekommt!

☐ — ◯ — ☐ → ☐

Antwortsatz: ______________________

____

15 In der Kurzwarenabteilung eines Kaufhofes werden 15 Stecknadeln für eine Pin-Wand zu 90 Pf ausgezeichnet.
Wie viel kosten a) 5 Nadeln, b) 3 Nadeln? (**Rechenvorteil!**)

Kannst du diese Aufgabe schnell im Kopf ausrechnen?

a)

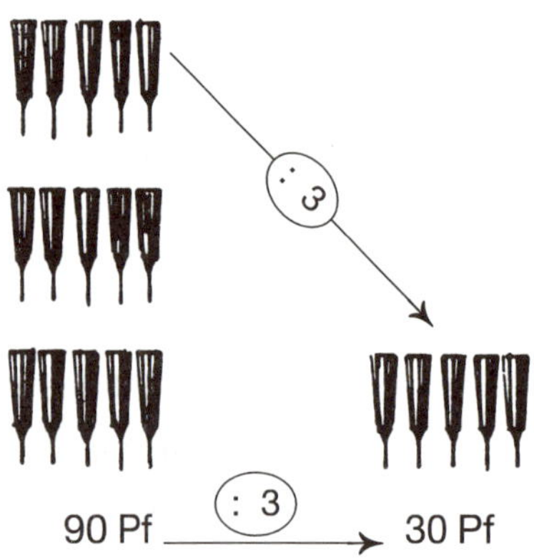

Teile zunächst auf: 15 N : 5 N = 3
5 N sind der 3. Teil von 15 N.

15 Nadeln kosten 90 Pf.

5 Nadeln kosten 90 Pf : 3 = 30 Pf.

↑ **Teilungsschluss**

Wir schließen von der **größeren Mehrheit** (15 Nadeln) direkt auf die **kleinere Mehrheit** (5 Nadeln).

b) Rechne nun bitte aus, wie viel 3 Stecknadeln kosten!

Denke zunächst im Kopf nach, was Texto zuerst ausrechnen würde, und teile dann richtig !

☐ ○ ☐ → ☐

Antwortsatz: ______________________________

____

16 In einem Milchgeschäft kostet 1 Kilogramm (1000 g) Käse 8 DM. Frau Müller lässt sich davon 200 g, Frau Bertram 250 g Käse in Scheiben abschneiden. Rechne möglichst **vorteilhaft** aus, wie viel a) Frau Müller, b) Frau Bertram für ihren Käse zu zahlen haben.

a) Überlege und rechne, wie viel Frau Müller für den Käse zahlt!

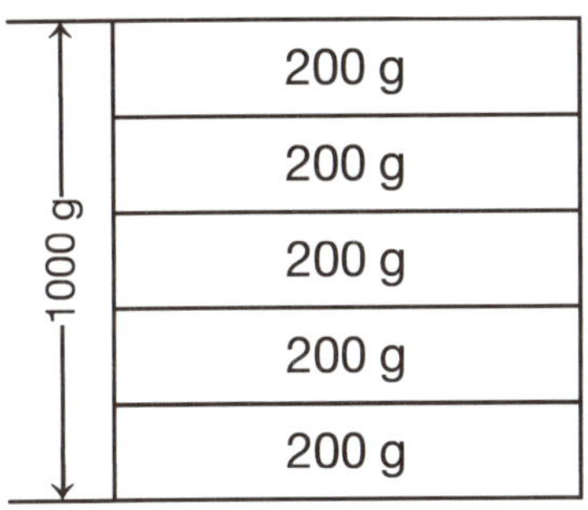

200 g ist der wie vielte Teil von 1000 g?

1000 g : 200 g = ☐

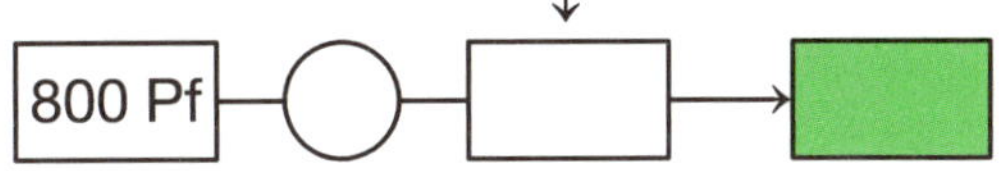

Antwortsatz: ______________________

____

b) Berechne den Preis, den Frau Bertram für den Käse zu bezahlen hat!

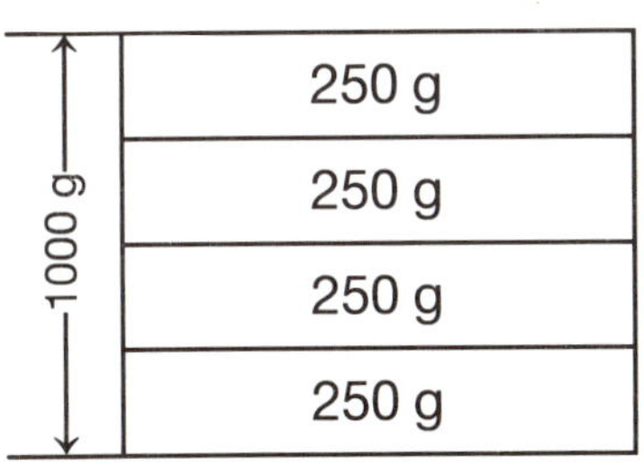

250 g ist der wie vielte Teil von 1000 g?

1000 g : 250 g = ☐

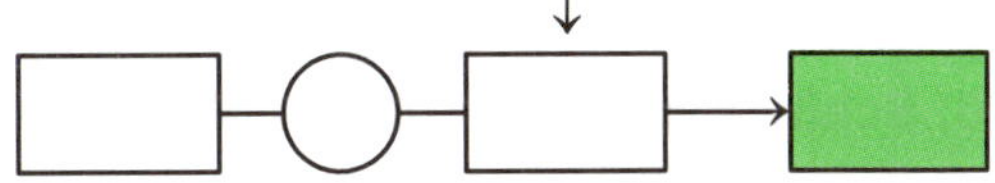

Antwortsatz: ______________________

____

Texto merkt sich:

Bei der Umsetzung der *Sachsituation* einer Textaufgabe in die entsprechende *Rechenoperation* (Grundrechenart) kommen folgende Schlüsse vor: Präge sie dir gut ein!

Übersicht über die Schlussrechnung

1. Schluss von der Einheit (1 Ball) auf die Mehrheit (5 Bälle)

Malschluss: 1 Ball kostet 20 DM.
5 Bälle kosten 20 DM · 5 = 100 DM (Malnehmen).

2. Schluss von der Mehrheit (6 Eier) auf die Einheit (1 Ei).

Teilungsschluss: 6 Eier kosten 180 Pf.
1 Ei kostet 180 Pf : 6 = 30 Pf (Verteilen).

3. Schluss auf die Anzahl der Einheiten (9 Lose)

Messschluss: Für 3 DM erhält man 1 Los.
Für 27 DM erhält man 27 DM : 3 DM = 9 (Aufteilen).
≙ 9 Lose

4. Schluss von der kleineren Mehrheit (3 kg) auf die größere Mehrheit (12 kg). Rechenvorteil!

Malschluss:
3 kg Farbe kosten 20 DM.
(· 4) (· 4)
12 kg Farbe kosten 20 DM · 4 = 80 DM.

5. Schluss von der größeren Mehrheit (45 Nägel) auf die kleinere Mehrheit (5 Nägel). Rechenvorteil!

Teilungsschluss:
45 Nägel kosten 18 DM.
(:9) (:9)
5 Nägel kosten 18 DM : 9 = 2 DM.

Testarbeit A
(leicht)

1. Eine Schachtel Streichhölzer kostet an einem Kiosk 15 Pfennig. Rechne aus, wie teuer a) 3 b) 5 und c) 8 Schachteln sind!
2. Drei Schokoladeneier sind im Schaufenster eines Cafés mit 96 Pf ausgezeichnet. Wie viel kostet ein Schokoladenei?
3. Anita kauft gern Kaugummi. Ein Stück kostet 20 Pfennig. Wie viele Kaugummis erhält man für a) 40 Pf, b) 60 Pf und c) 80 Pf?
4. In einem Sportgeschäft ist ein Gummiball für 9 DM ausgezeichnet. Wie viele Bälle bekommt man für a) 27 DM, b) 45 DM und c) 90 DM?
5. Ein Radfahrer legt in der Stunde durchschnittlich 15 km zurück. Wie weit ist er nach 3 Stunden Fahrt noch von dem 55 km entfernt gelegenen Ausflugsziel, dem Römer Berg, entfernt?
6. Metzgermeister Hanauer bietet 500 Gramm Schinken für 10 DM an. Rechne aus, wie viel DM 250 g Schinken kosten.

Testarbeit B
(mittelschwer)

1. In einem Schreibwarengeschäft kostet ein Heft 45 Pfennig. Norbert kauft 5 Hefte, Barbara 8 Hefte und Claudia 10 Hefte. Wie viel Geld zahlt jedes Kind?
2. Ein Radfahrer legt in vier Stunden eine Strecke von 76 Kilometer zurück. Wie weit fährt er durchschnittlich in einer Stunde?
3. In der Textilabteilung eines Kaufhauses kostet ein Meter Kleiderstoff 30 DM. Wie viele Meter Stoff erhält man für a) 60 DM, b) 90 DM?
4. In der Obstabteilung eines Einkaufszentrums kosten 3 Zitronen 70 Pf. Wie teuer sind a) 6, b) 9 und c) 12 Zitronen?
5. Andrea hat im ersten Schulhalbjahr der vierten Klasse folgende Rechennoten geschrieben: 2; 3; 2; 1. Welche Zeugnisnote wird Andrea wohl im Fach Mathematik bekommen?
6. Mutter steht an der Wurstabteilung eines Supermarkts. Im Sonderangebot sind 1000 Gramm Aufschnitt für 10 DM ausgezeichnet. Mutter will aber nur 200 g Aufschnitt kaufen. Wie viel Geld muss sie dafür bezahlen?
7. In dem Regal einer Kellerei stehen für 120 DM Weinflaschen. Jede Flasche kostet 8 DM.
   a) Wie viele Weinflaschen dieser Sorte stehen im Regal?
   b) Rechne aus, wie teuer 10 Weinflaschen der gleichen Sorte kosten!

Testarbeit C
(mittelschwer)

1. Zu einem Schulsportfest im Dantestadion werden 210 Kinder mit 5 Omnibussen gebracht. In jedem Bus sitzen gleich viel Kinder. Wie viele Kinder sind in einem Bus?
2. Herr Maier hat in seinem Heizölfass nur noch 160 Liter Öl. Wie lange reicht sein Ölvorrat noch, wenn sein Ofen an einem Tag durchschnittlich 8 Liter Öl verbraucht?
3. In eine Drogerie werden 9 Kisten Seife zu je 35 Stück und 4 Schachteln Bürsten zu je 28 Stück angeliefert. Wie viele Seifen und wie viele Bürsten erhält die Drogerie?
4. Manfred kauft sich ein Fahrrad für 230 DM. Er zahlt 150 DM an. Den Rest begleicht er in monatlichen Raten zu je 20 DM. Nach wie vielen Monaten ist der Fahrradpreis bezahlt?
5. Ein Händler bietet 6 Eier für 95 Pf an. Wie teuer sind a) 12 Eier, b) 18 Eier und c) 30 Eier?

Testarbeit D
(schwer)

1. Eine Jugendgruppe macht eine Radtour zur Jugendherberge Weißenstein, die 270 km vom Heimatort entfernt liegt. Am 1. Tag legt sie 85 km, am 2. Tag 105 km zurück. Wie viele Stunden muss die Gruppe am 3. Tag noch fahren, um ihr Ziel zu erreichen, wenn sie in der Stunde durchschnittlich 20 km fährt?
2. In einem Haushaltswarengeschäft kosten 20 Meter Draht 48 DM. Rechne aus, wie teuer a) 10 m, b) 5 m Draht sind!
3. Auf einem Lieferwagen, der mit höchstens 1000 kg beladen werden darf, sind bereits 9 Fässer Sauerkraut zu je 70 kg und 4 Schachteln Bananen zu je 55 kg verstaut. Wie viele Kisten Orangen zu je 50 kg darf man noch dazuladen?
4. In dem Regal eines Feinkostgeschäftes stehen für 40 DM Pralinenpäckchen. Jedes Päckchen kostet 2 DM und wiegt 50 g. Wie schwer sind die Pralinenpäckchen insgesamt?
5. Eine Pfadfindergruppe will mit dem Fahrrad in 5 Tagen ihr Ziel erreichen, das 690 km von ihrem Heimatort entfernt liegt. Während der ersten drei Tage schafft sie täglich 130 km. Wie viele Kilometer muss die Gruppe dann täglich mehr zurücklegen, wenn sie rechtzeitig eintreffen will?
6. In einer Metzgerei kosten 200 g Leberwurst 4,40 DM. Rechne möglichst vorteilhaft aus, wie teuer a) 100 g, b) 50 g und c) 40 g Leberwurst sind!

Kapitel 2

Größen in Kommaschreibweise

Textaufgaben im Zahlenraum 1 – 10 000

Was du in diesem Kapitel lernst:

Der Zahlenraum der Textaufgaben wird bis auf 10 000 erweitert. Du wirst jetzt verschiedene **Größen** kennen lernen, also **Zahlen** mit verschiedenen **Benennungen** wie zum Beispiel 5 Pf, 3 hl, 32 km, 15 min.
Bevor du eine Aufgabe ausrechnen kannst, ist es oft erforderlich, eine Größe (2,50 DM) in kleinere Einheiten (250 Pf) umzuwandeln.

Beispiel: 2,50 DM · 4 = 250 Pf · 4 = 1000 Pf = 10 DM

In fast allen Bundesländern in Deutschland ist die **Kommaschreibweise von Größen** in den Lehrplänen verbindlich eingeführt. Schüler, die im Unterricht die Kommaschreibweise einer bestimmten Größe (z. B. 3,750 t) noch nicht durchgenommen haben, können auf der jeweiligen Buchseite unten beim **Merktext** nachschauen, wie die Umrechnung in kleinere Maßeinheiten zu erfolgen hat.

Viel Spaß!

1 Bei einem Kinderfest wurden 4 Kisten Limonade zu je 15 Flaschen verkauft. Eine Flasche kostete 0,50 DM und 0,20 DM Flaschenpfand. Es wurden 54 leere Flaschen wieder zurückgebracht. Wie viel DM sind eingenommen worden?

Wiederhole zunächst die Kommaschreibweise bei **Mark** und **Pfennigen** anhand des untenstehenden Merktextes und löse dann die Aufgabe!

1. [ ] Fl. — ◯ — [ ] → [ ] Fl. Anzahl der Flaschen

2. [ ] Pf — ◯ — [ ] Pf → [ ] Pf Preis für 1 Flasche + Pfand

3. [ ] Pf — ◯ — [ ] → [ ] Pf Gesamteinnahme

4. [ ] Pf — ◯ — [ ] → [ ] Pf zurückgegebenes Pfandgeld

5. Verbleibende Einnahme:

	☐☐☐☐ Pf	☐☐,☐☐ DM
◯	☐☐☐☐ Pf	☐☐,☐☐ DM
	☐☐☐☐ Pf	☐☐,☐☐ DM

Antwortsatz: ____________________

____

1 Deutsche Mark

10 Pfennig

Merke: 1 DM = 100 Pf; 10 Pf = 0,10 DM; 1 Pf = 0,01 DM
3 DM 45 Pf = 3,45 DM; 2 DM 40 Pf = 2,40 DM; 5 DM 3 Pf = 5,03 DM

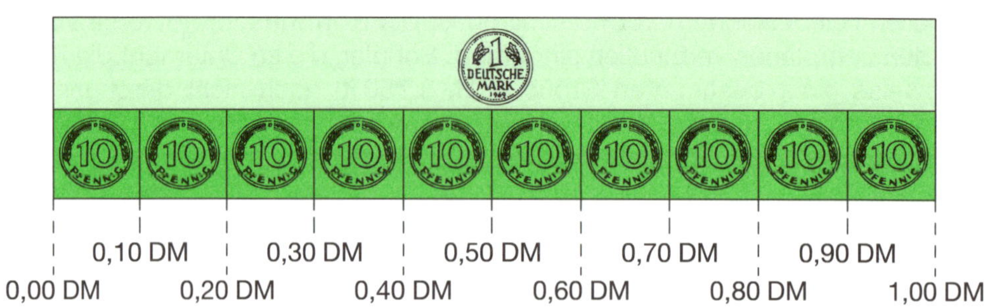

2 Zum Wochenende kauft Mutter ein: 6 Eier, 15 Semmeln, 4 Pfund Birnen und 800 g Wurst. Im Geschäft sind die Waren wie folgt ausgezeichnet: 1 Ei zu 0,23 DM; 5 Semmeln zu 0,60 DM; 1 Pfund Birnen zu 1,20 DM und 200 g Wurst zu 2,40 DM. An der Kasse bezahlt sie mit einem Zwanzigmarkschein. Wie viel Geld bekommt sie an der Kasse zurück? (Rechne mit Pfennigen!)

1. ☐ ○ ☐ → ☐ Preis für 6 Eier

2. ☐ ○ ☐ → ☐ Preis für 15 Semmeln

3. ☐ ○ ☐ → ☐ Preis für 4 Pfd. Birnen

4. ☐ ○ ☐ → ☐ Preis für 800 g Wurst

5. ☐ ☐ ☐ ☐ → ○ → ☐ Gesamtpreis

6. ☐ ○ ☐ → ☐

Antwortsatz: ______________________________

____

3 In drei Behältern befindet sich der Rest einer bestimmten Flüssigkeit; im ersten sind 1,65 hl, im zweiten 1,35 hl und im dritten 0,42 hl. Um Mischversuche durchführen zu können, muss die Flüssigkeit so verteilt werden, dass in jedem Behälter gleich viel Inhalt ist. Wie viele Liter sind dem ersten und dem zweiten Behälter zu entnehmen?

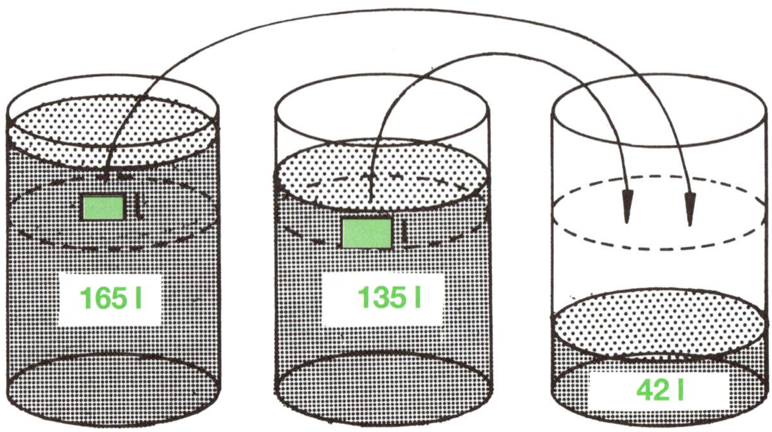

1. ___ l ○ ___ l ○ ___ l → ___ l Gesamtmenge

2. ___ l ○ ___ → ___ l Inhalt von 1 Behälter

3. ___ hl ○ ___ hl → ___ hl Menge aus dem 1. Behälter

4. ___ hl ○ ___ hl → ___ hl Menge aus dem 2. Behälter

Antwortsatz: ____

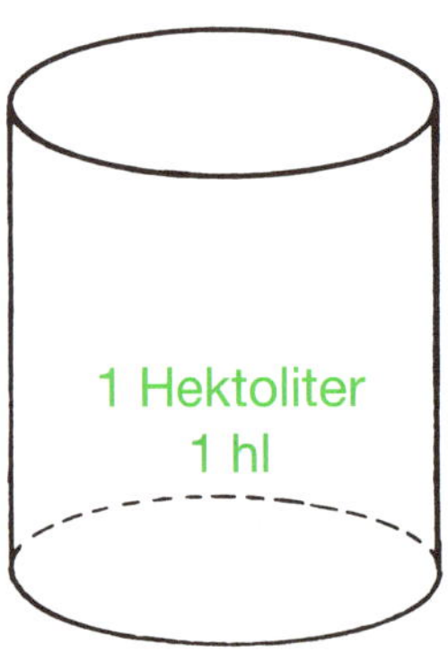

Merke: 1 hl = 100 l; 1 l = 0,01 hl

Weitere Umrechnungen:

1 hl 35 l = 1,35 hl = 135 l
2 hl 3 l = 2,03 hl = 203 l
4,50 hl = 4 hl 50 l = 450 l
3,07 hl = 3 hl 7 l = 307 l

4 Der Heizöltank der Familie Holzer fasst 36 Hektoliter. Nach einer Heizperiode von 5 Monaten wird der Tank mit 26,75 hl nachgefüllt. Jetzt ist der Tank wieder voll.

a) Wie viele Liter Öl waren vor dem Nachfüllen noch im Tank?

b) Berechne den durchschnittlichen Heizölverbrauch in einem Monat!

c) Wie viele Liter Öl dürfte Herr Holzer durchschnittlich in einem Monat verheizen, wenn er mit dem vollen Tankinhalt 6 Monate auskommen will?

Lies die Aufgabe genau durch, denke über jedes Bild nach. Löse zuerst die Aufgabe auf deinem Block und dann im Buch!

a)

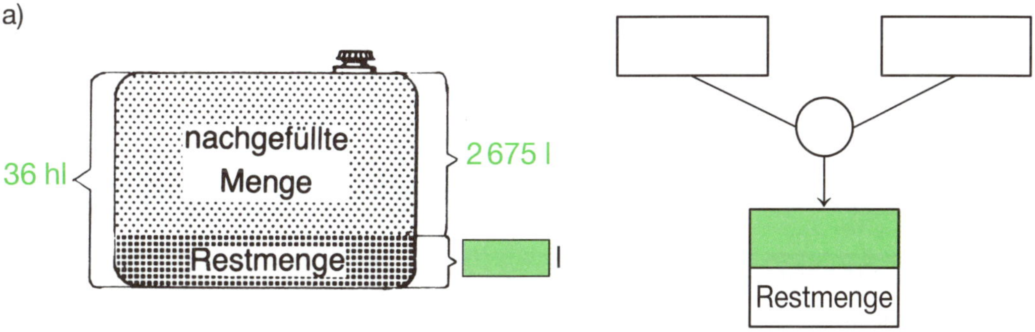

Antwortsatz: ____________________

b)

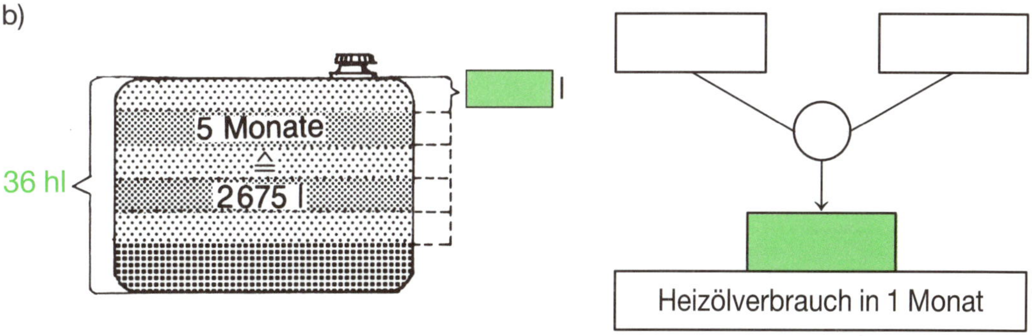

Antwortsatz: ____________________

c)

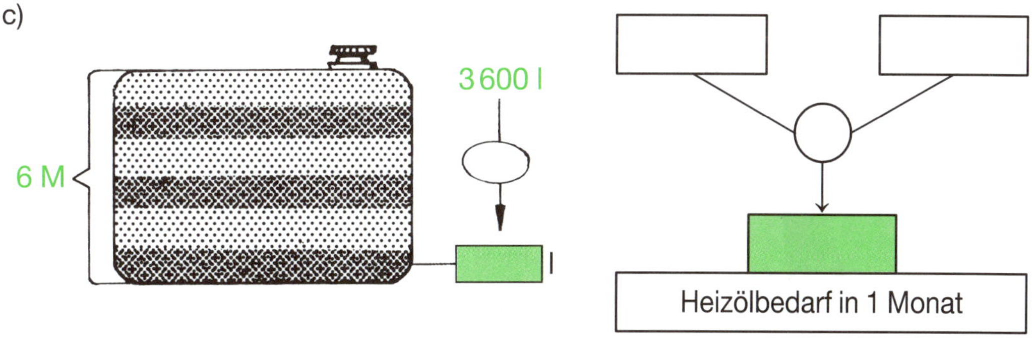

Antwortsatz: ____________________

5 Günther hat ein 3,20 m langes Brett zur Verfügung. Für Bastelarbeiten braucht er kleinere Teilstücke. Er überlegt sich mehrere Möglichkeiten:

a) Wie lang ist jedes Teilstück, wenn Günther das Brett in acht gleich große Teilstücke zersägt?

b) In wie viele Stücke könnte er das Brett zerlegen, wenn jedes Teilstück 2 dm lang sein soll?

c) Welche Länge hätte ein Teilstück, wenn er zunächst vom Brett 0,40 m abschneidet und es dann in sieben gleich große Stücke zersägt?

Achte auf die entsprechenden Skizzen und rechne zuerst auf deinem Block!

a)

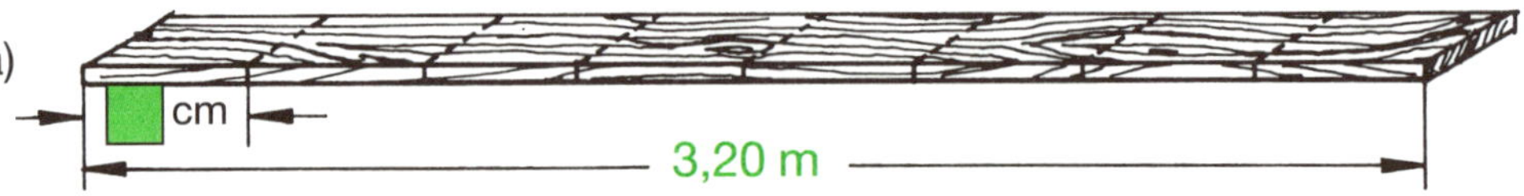

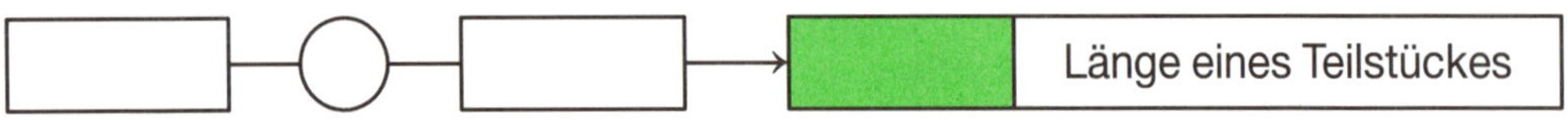

b)

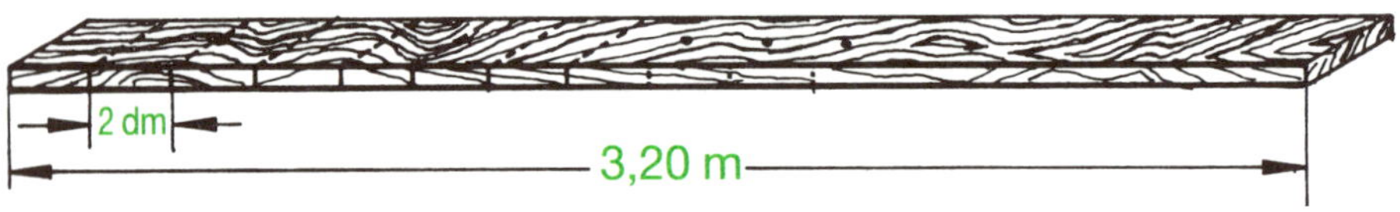

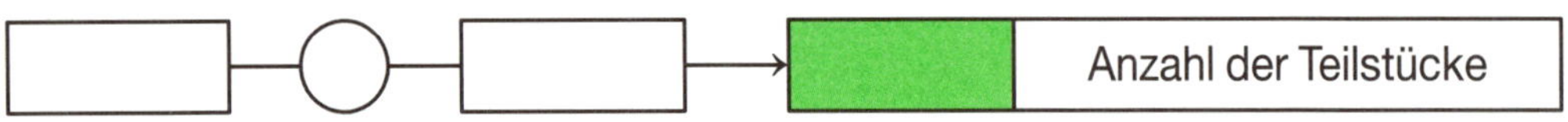

c)

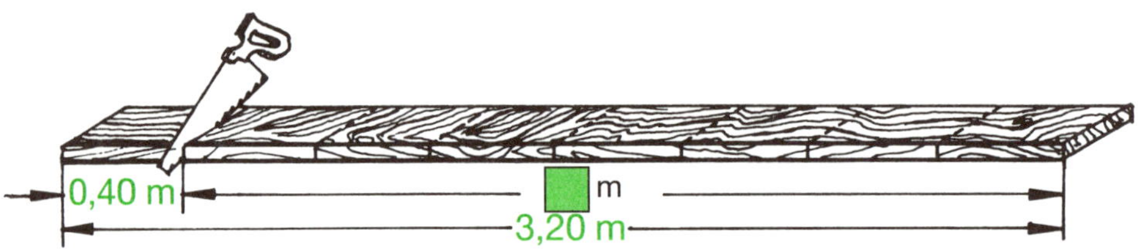

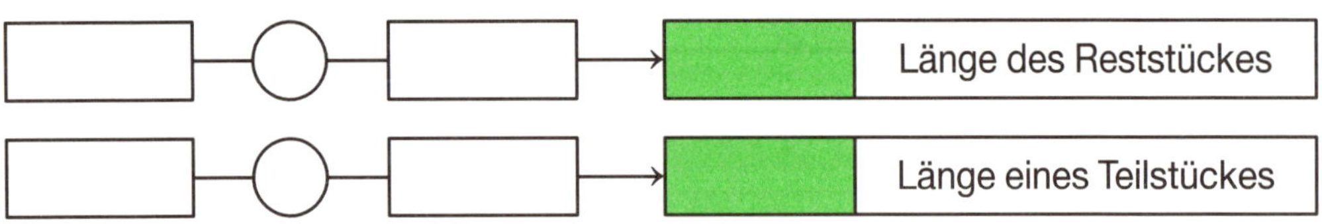

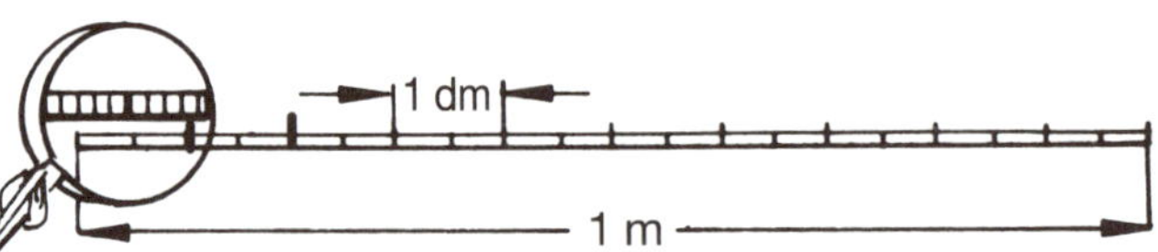

Merke: 1 m = 10 dm = 100 cm
1 dm = 10 cm

Beispiele: 0,40 m = 40 cm
3,20 m = 320 cm = 3 m 20 cm

6 Ein Hobbybastler zimmert sich selbst ein Wandregal. Der äußere Rahmen und die beiden inneren Bodenbretter sind bereits fertig. Das Regal ist 152 cm breit, die Bretter sind 15 mm dick. Das Regal soll drei Reihen zu je 7 gleich großen Fächern erhalten. Die Höhe eines Faches beträgt von Innenkante zu Innenkante 18 cm.

a) Welche Höhe hat das Regal?

b) Wie breit ist ein Fach von Innenkante zu Innenkante gemessen?

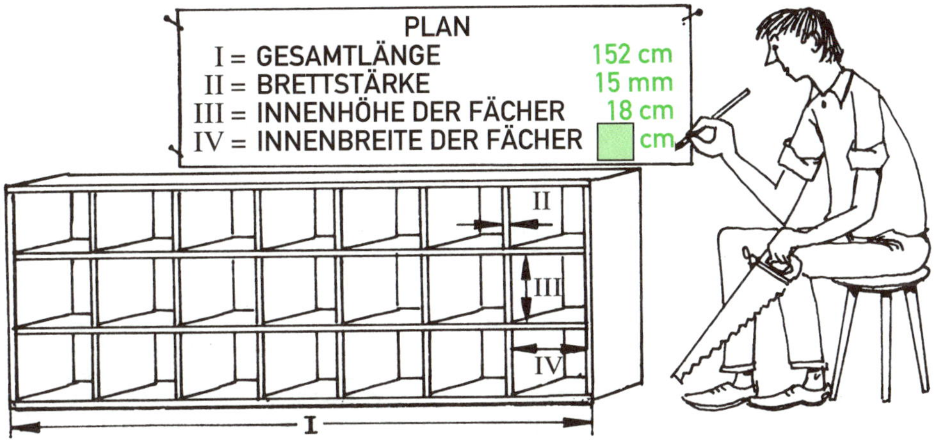

a) ☐ mm — ○ — ☐ → ☐ mm | Dicke der 4 Bretter

☐ mm — ○ — ☐ → ☐ mm | Innenhöhe der 3 Fächer

☐ mm — ○ — ☐ → ☐ mm | Gesamthöhe des Regals

Höhe des Regals: ☐ mm = ☐ cm = ☐ dm = ☐ m

b) ☐ mm — ○ — ☐ → ☐ mm | Dicke der 8 Bretter

☐ cm — ○ — ☐ cm → ☐ cm | Breite der 7 Abstände

☐ — ○ — ☐ → ☐ | Breite eines Faches

Innenbreite eines Faches: ☐ cm = ☐ m = ☐ mm

Merke: 1 m = 10 dm; 1 dm = 10 cm; 1 cm = 10 mm
1 m = 10 dm = 100 cm = 1 000 mm

Beispiele: 1,52 m = 152 cm; 1,8 dm = 18 cm; 1,5 cm = 15 mm

7 Klaus kauft sich für sein Tourenrad einen Tachometer. Er notiert in seinem Kalender, wie viel Kilometer er jede Woche mit dem Rad zurücklegt. In der ersten Woche ist er 74,500 km, in der zweiten 86,300 km und in der dritten 95,200 km gefahren. Seine Fahrleistung beträgt im Zeitraum von vier Wochen insgesamt 336 km.

a) Wie viele Kilometer legte Klaus in der 4. Woche zurück?
b) Wie viele Kilometer fuhr er durchschnittlich in einer Woche?
c) Berechne seine durchschnittliche Fahrleistung an einem Tag!

Betrachte die einzelnen Skizzen und rechne dann!

a)

1. Woche	2. Woche	3. Woche	4. Woche
74,500 km	86,300 km	95,200 km	☐ km

Gesamtstrecke: 336 km

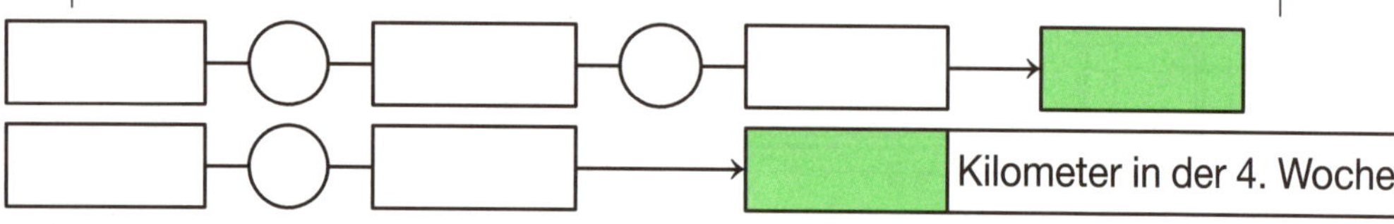

b)

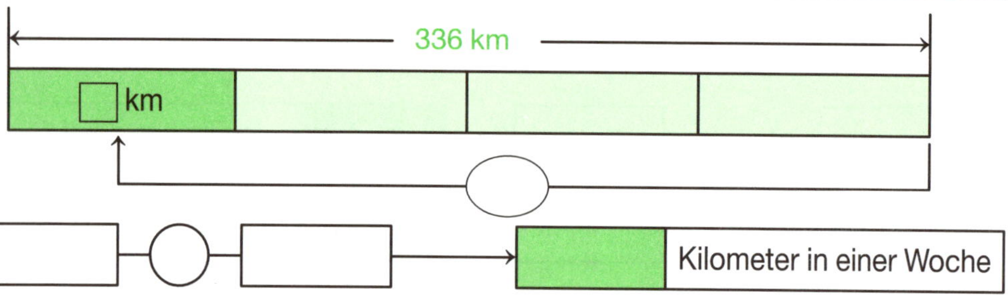

c)

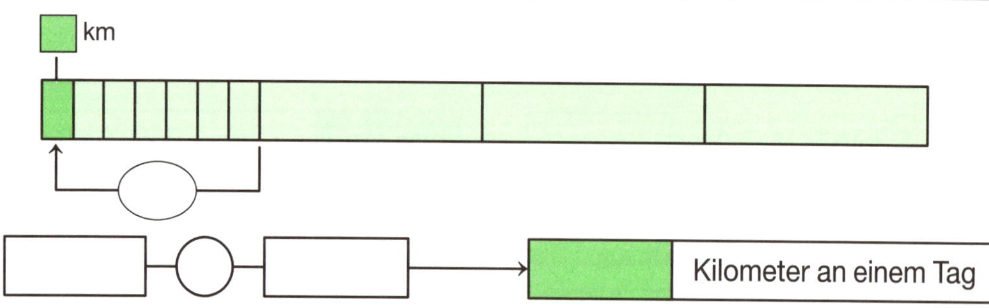

Merke: 1 km 275 m = 1,275 km
2 km 24 m = 2,024 km
3 km 5 m = 3,005 km

Beispiele: 74,500 km = 74 500 m
86,300 km = 86 300 m

8 Vom Marktplatz einer Kleinstadt fahren zur gleichen Zeit ein Mopedfahrer und ein Radfahrer ab. Während der Mopedfahrer in der Minute 0,460 km zurücklegt, fährt der Radfahrer dagegen nur 0,340 km in der Minute. Rechne aus, wie weit beide in zehn Minuten voneinander entfernt sind, wenn sie a) in entgegengesetzter Richtung, b) in gleicher Richtung fahren!

a)

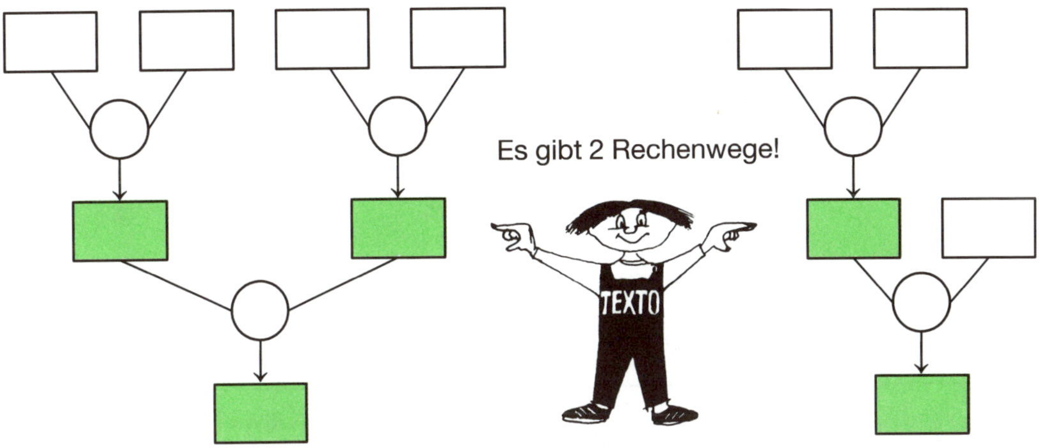

Antwortsatz: ______________________________

b)

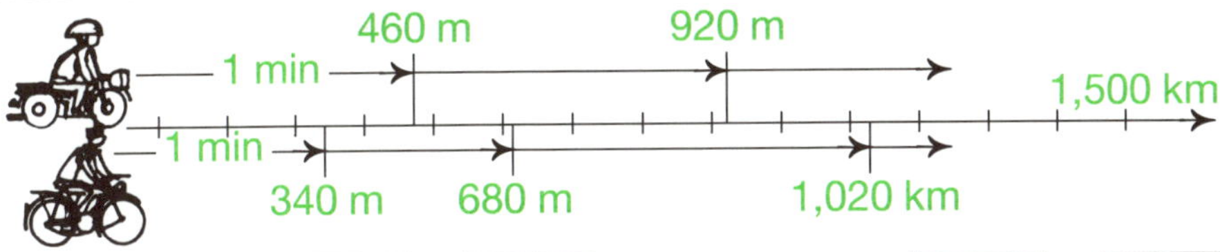

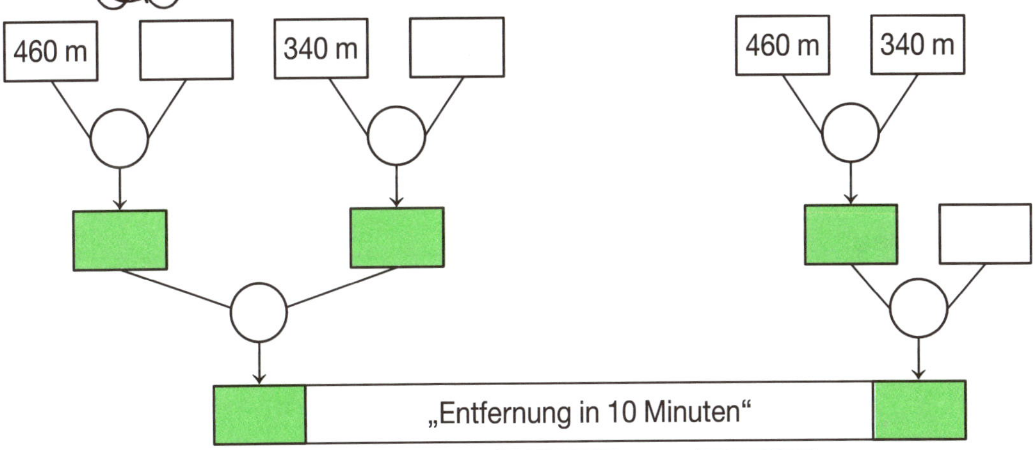

Wandle das Ergebnis in Kilometer um! ______ m = ______ km

Antwortsatz: ______________________________

9 Auf der rechten Schale einer Waage liegen 0,650 kg, auf der linken nur 0,370 kg. Man legt nun 120 g von der rechten Schale auf die linke.

a) Welche Schale der Waage ist nun schwerer?

b) Wie viel Gramm musst du von der jetzt schwereren Schale auf die leichtere bringen, wenn die Waage ins Gleichgewicht kommen soll?

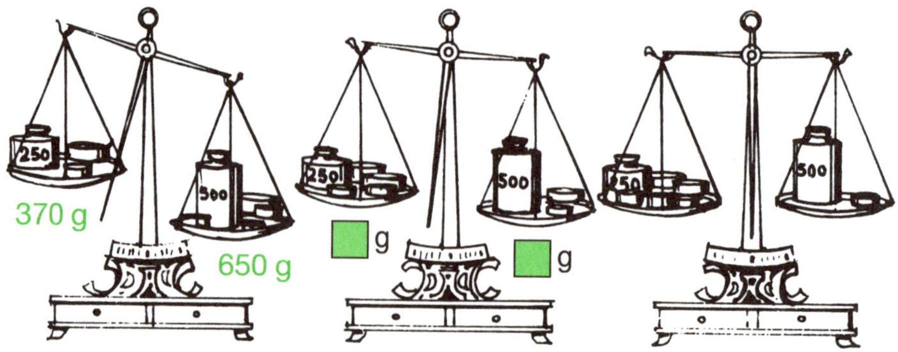

Ausgangszustand ⟶ Endzustand

a) Lege 120 g auf die linke Schale und rechne!

☐ ○ ☐ ⟶ ☐ Gewicht: linke Schale

☐ ○ ☐ ⟶ ☐ Gewicht: rechte Schale

Antwortsatz: ______________________________

b) Welches Gewicht musst du auf die leichtere Schale legen?

☐ ○ ☐ ⟶ ☐ Unterschied

☐ ○ ☐ ⟶ ☐ Hälfte des Unterschiedes

Antwortsatz: ______________________________

Merke: 1 kg = 1 000 g
1 g = 0,001 kg

Beispiele: 1 kg 245 g = 1,245 kg
2 kg 78 g = 2,078 kg
3 kg 4 g = 3,004 kg

10 Ein Lastwagenfahrer fährt zu einer Baustelle. Auf seinem Lastwagen hat er 9 gleich schwere Eisenträger aufgeladen. Das Gesamtgewicht des Transporters wiegt 3,750 Tonnen. Wie schwer ist jeder Eisenträger, wenn der Transporter unbeladen 1,5 Tonnen wiegt?
(3,750 t = 3750 kg; 1,5 t = 1500 kg)

1.

 Gesamtgewicht	 Leergewicht	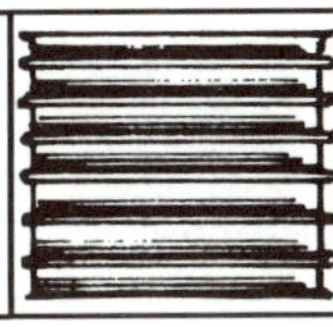 Gewicht der Eisenträger

2.

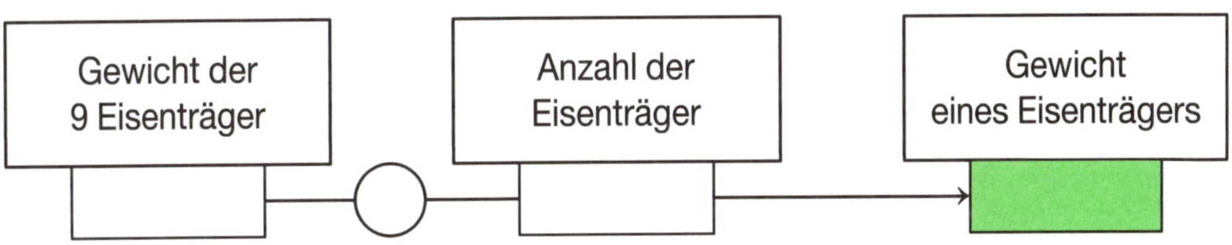

Antwortsatz: ____

Merke: 1 t = 1000 kg
1 kg = 0,001 t

Beispiele: 1 t 348 kg = 1,348 t
2 t 75 kg = 2,075 t
3 t 2 kg = 3,002 t

11 Herr Wirth fährt mit seinem Combi-Wagen übers Wochenende nach Niederbayern. Beim Bauern Kraxenstaller nimmt er 7 Säcke Kartoffeln zu je 0,40 dz zum Einkellern mit. Außerdem möchte er noch gerne Äpfel einladen, die in Kisten gefüllt sind. Eine Kiste wiegt leer 2 kg und fasst 18 kg Äpfel. Sein Wagen darf aber höchstens mit 5 dz beladen werden. Wie viele Kisten Äpfel darf Herr Wirth mitnehmen?

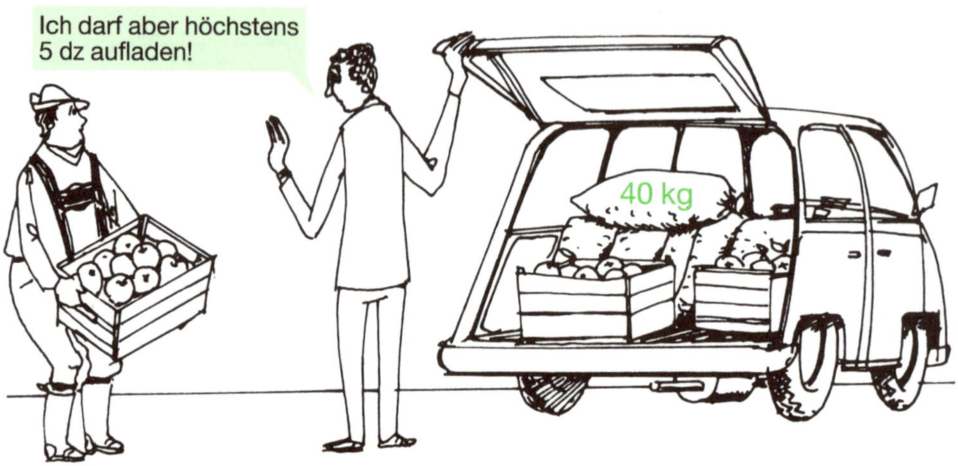

Wandle die Doppelzentner (dz) in Kilogramm (kg) um und rechne!
Ergänze dann den Rechenplan!

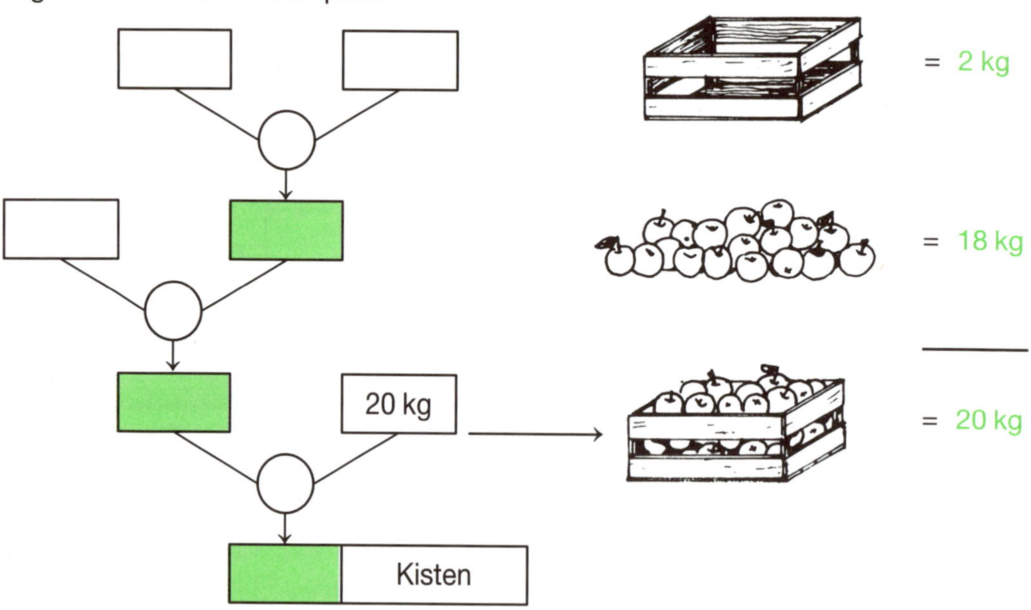

Antwortsatz: ____________________

Merke: 1 dz = 100 kg
1 kg = 0,01 dz

Beispiele: 1 dz 25 kg = 1,25 dz
2 dz 3 kg = 2,03 dz

12 Ein Fahrgast der Bundesbahn studiert den Fahrplan. Vom Bahnhof Harthaus fährt alle 20 Minuten eine S-Bahn in Richtung München ab. Die erste fährt 5 Uhr 40 Minuten. Wie viele Züge verkehren von 5.40 Uhr bis einschließlich 12 Uhr von Harthaus nach München?

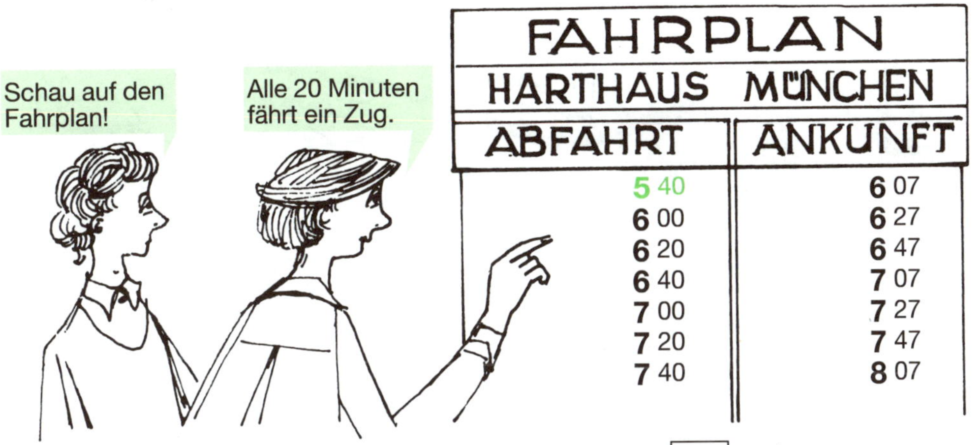

1.

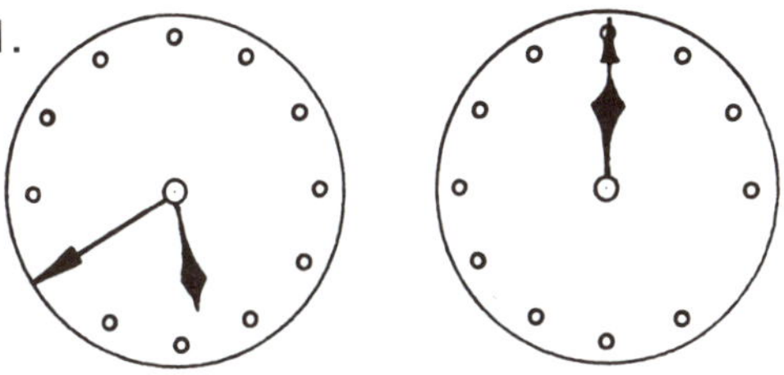

5.40 Uhr —+ ☐ min→ 12.00 Uhr

Anzahl der Minuten:

Von 5.40 Uhr bis 6 Uhr: ☐ min

Von 6.00 Uhr bis 12 Uhr: ◯ ☐ min

☐ min

2. ☐ — ◯ — ☐ → ☐ Anzahl der 20-min-Abstände

3. ☐ — ◯ — ☐ → ☐ Zahl der abfahrenden Züge

Antwortsatz: ______________________________

Merke: 1 Stunde = 60 Minuten; 1 h = 60 min
1 Minute = 60 Sekunden; 1 min = 60 s

Zeitpunkte: 8 Uhr; 5.40 Uhr; 12.00 Uhr
Zeitspannen: 4 h; 3 min; 6 h 20 min

13 Zwei Freunde, Heinz und Horst, sind begeisterte Skilangläufer. An einem Samstagmorgen starten sie von Großholzen aus um 10.30 Uhr in entgegengesetzter Richtung. Heinz legt in der Minute durchschnittlich 160 m, Horst in der Sekunde 3 m zurück. Der ausgesteckte Rundkurs ist 22 km lang.
Wie viele Kilometer sind die beiden um 11.30 Uhr noch voneinander entfernt?

Heinz: 160 m/min Horst: 3 m/s

1. Welche Strecke hat Heinz um 11.30 Uhr zurückgelegt?

[m] — ◯ — [ ] → [m] [km]

2. Wie weit ist Horst bis 11.30 Uhr gelaufen?

[m] — ◯ — [ ] → [m]

[m] — ◯ — [ ] → [m] [km]

3. Welche Gesamtstrecke haben beide Läufer zurückgelegt?

[m] — ◯ — [m] → [m] [km]

4. Wie weit sind Heinz und Horst noch voneinander entfernt?

[m] — ◯ — [m] → [m] [km]

Antwortsatz: ______________________________

Kannst du angeben, mit welcher Stundengeschwindigkeit (km/h) jeder Skilangläufer durchschnittlich läuft?

Heinz: ______________

Horst: ______________

Texto merkt sich:
Beim Lösen von Textaufgaben müssen *Größen* häufig umgewandelt werden.

Zusammenfassung

(Geld-, Hohl-, Längen-, Gewichts-, Zeitmaße)

Geld:	1 DM = 100 Pf	2 DM 17 Pf = 217 Pf = 2,17 DM
		5 DM 8 Pf = 508 Pf = 5,08 DM
Hohlmaße:	1 hl = 100 l	3 hl 35 l = 3,35 hl
	1 l = 1000 ml	1 Liter = 1000 Milliliter
Längenmaße:	1 m = 10 dm	1 dm = 10 cm
	1 m = 100 cm	1 dm = 100 mm
	1 m = 1 000 mm	1 cm = 10 mm
	1 km = 1 000 m	
Gewichtsmaße:	1 dz = 100 kg	1 dz = 2 Ztr.
	1 Ztr. = 100 Pfd.	1 kg = 2 Pfd.
	1 t = 1000 kg	
	1 t = 10 dz	
	1 kg = 1000 g	
Zeitmaße:	1 Min. = 60 Sek.	1 Tag = 24 Std.
	1 Std. = 60 Min.	1 Woche = 7 Tage
	1 Monat = 28, (29), 30, 31 Tage = ca. 4 Wochen	
	1 Jahr = 365 (366) Tage	
	1 Jahr = 52 Wochen	
	1 Jahr = 12 Monate	

Merke: 1 Stunde = 1 h (lat. hora); 1 Minute = 1 min
1 Tag = 1 d (lat. dies); 1 Sekunde = 1 s

Die Kommaschreibweise der Maße

Nimm deinen Block, schreibe alle Maße darauf ab und lerne sie dabei auswendig! Lass dich von deinen Eltern oder Mitschülern abfragen und zwar so lange, bis du alle Maße sicher beherrschst und auch das Komma richtig setzen kannst.

Zehnteilige Maße:

→ **1 Stelle** nach dem Komma!

1 m	=	**10** dm	5 dm	=	0,5 m
1 dm	=	**10** cm	7 cm	=	0,7 dm
1 cm	=	**10** mm	2 mm	=	0,2 cm
1 t	=	**10** dz	3 dz	=	0,3 t

→ **1 Stelle** nach dem Komma!

Hundertteilige Maße:

→ **2 Stellen** nach dem Komma!

1 DM	=	**100** Pf	115 Pf	=	1,15 DM
1 hl	=	**100** l	203 l	=	2,03 hl
1 m	=	**100** cm	417 cm	=	4,17 m
1 dm	=	**100** mm	304 mm	=	3,04 dm
1 dz	=	**100** kg	534 kg	=	5,34 dz
1 Ztr.	=	**100** Pfd.	609 Pfd.	=	6,09 Ztr.

→ **2 Stellen** nach dem Komma!

Tausendteilige Maße:

→ **3 Stellen** nach dem Komma!

1 km	=	**1000** m	7341 m	=	7,341 km
1 m	=	**1000** mm	3025 mm	=	3,025 m
1 t	=	**1000** kg	4008 kg	=	4,008 t
1 kg	=	**1000** g	5285 g	=	5,285 kg

→ **3 Stellen** nach dem Komma!

Testarbeit A

(leicht)

1. In der Grundschule Grunertshofen beginnt die Schule um 8.00 Uhr. Kurt hat am Montag 12.10 Uhr Unterrichtsschluss, Maria 13.05 Uhr. Wie viele Stunden und Minuten dauert für jedes Kind der Unterricht, wenn die Pausenzeit insgesamt 30 Minuten beträgt?
2. Auf einen Lastkahn werden verladen: 850 kg Sand, 1,025 t Zement und 310 kg Salz. Berechne das Gesamtgewicht der Ladung!
3. Werner und Elfi öffnen ihre Sparbüchsen. Werner findet 2,05 DM vor, während seine Schwester Elfi das Fünffache von Werners Geld gespart hat. Wie viel DM besitzt Elfi?
4. Lebensmittelhändler Jungmann füllt 1,60 dz Kartoffeln in 8 Säcke um. Wie viele Kilogramm wiegt jeder Sack?
5. Ein Kabel, das 7 m 5 cm lang ist, wird dreimal um je 0,50 m verkürzt. Wie lang ist das Kabel jetzt noch?

Testarbeit B

(mittelschwer)

1. Eine Maschine füllt automatisch jede Sekunde 8 Tabletten in ein Röhrchen. Wie viele Tabletten werden in 2 Minuten 30 Sekunden abgefüllt?
2. Herr Neudert hat einen vollen Öltank, der 35 hl fasst. Wie viele Liter Öl sind nach einem Monat (30 Tage) noch im Tank, wenn sein Ofen durchschnittlich 0,30 hl Öl am Tag verbraucht?
3. Bei einer bestimmten Wanderstrecke im Fichtelgebirge muss man zuerst 40 Minuten bergauf, dann 1 Stunde 20 Minuten bergab gehen. Bergauf legt man in der Minute durchschnittlich 50 m, bergab 70 m zurück. Wie viele Kilometer lang ist der Wanderweg?
4. Bei einem Wandertag gibt Doris 4,20 DM aus, das ist genau der 5. Teil ihres monatlichen Taschengeldes. Wie viel DM Taschengeld bekommt Doris im Monat?
5. Im Allgäu lieferte der Gutshof Waldeck an einem Freitag 5,60 hl Milch an die Molkerei. Wie viele Kannen Milch wurden fortgefahren, wenn eine Kanne 40 Liter fasst?
6. Auf der linken Seite einer Waage liegen 3,200 kg, auf der rechten 2,600 kg. Wie viel Gramm muss man von der linken Schale wegnehmen und auf die rechte Schale legen, damit die Waage ins Gleichgewicht kommt?

Testarbeit C

(mittelschwer)

1. Ein bereits abgehobeltes Brett ist 4,50 m lang. Es wird in gleich große Teilstücke zu je 5 dm zerschnitten. Wie viele Stücke erhält man?

2. Von einem 2,40 m langen Eisenrohr werden auf den Millimeter genau 7 Rohrstücke zu je 45 mm Länge abgesägt. Berechne die restliche Rohrlänge!

3. Herbert geht mit seinem Hund Waldi am Tag durchschnittlich 2,500 km weit spazieren. Wie viele Kilometer sind das in 4 Tagen?

4. Im Haushalt Berger fallen täglich 7,50 DM Heizungskosten für Öl an. Berechne die Ausgaben für den Monat April!

5. Ein Lieferwagen hat eine Tragfähigkeit von 1,800 Tonnen. In der Großmarkthalle werden 950 kg Kartoffeln, 220 kg Äpfel und 80 Pfd. Birnen aufgeladen. Welches Gewicht könnte man noch dazuladen?

Testarbeit D

(schwer)

1. Von einem kostbaren Zierband mit 4,500 m Länge werden nacheinander abgeschnitten: 1 m; 6 dm; 84 cm; 45 mm. Wie viele Meter lang ist das restliche Zierband?

2. Hotelbesitzer Goldmann bezieht am Wochenende 10 Renken zu durchschnittlich je 0,500 kg sowie 8 Forellen zu je 0,450 kg. Welches Gesamtgewicht in Kilogramm haben alle Fische?

3. In einer Lagerhalle stehen drei Behälter. Im ersten Behälter sind 1,45 hl, im zweiten 0,95 hl, der dritte ist noch leer.
   a) Verteile die Flüssigkeit gleichmäßig auf alle drei Behälter!
   b) Wie viel Liter sind demnach dem 1. und 2. Behälter zu entnehmen?

4. Helmut und Fritz fahren übers Wochenende mit dem Rad zum 42 km entfernt gelegenen Deininger See zum Baden. Helmut braucht für diese Strecke 3 Stunden. Diesen Samstag fährt sein größerer Bruder Fritz eine Stunde später weg als Helmut.
   a) Wie viele Kilometer legt Helmut in einer Stunde zurück?
   b) Um wie viele Kilometer in einer Stunde müsste Fritz schneller fahren als Helmut, wenn er ihn noch am Ziel eingeholt haben will?

5. In einer Lagerhalle werden 3,50 dz Kartoffeln in Netze zu je 5 kg gefüllt und für 8 DM je Netz verkauft. Berechne die Gesamteinnahme!

6. Im Großmarkt hat Mutter für 5 kg Bananen und 3 kg Pfirsiche insgesamt 22,50 DM bezahlt. Wie teuer ist 1 kg Pfirsiche, wenn 1 kg Bananen 3 DM gekostet hat?